# Liebe Leserinnen, liebe Leser,

glasklare Seen, sprudelnde Wasserfälle und dicht bewaldete Hügel und Berge – der Schwarzwald steht für ursprüngliche Landschaften und hohen Erlebniswert. Das ganze Jahr über ist die Region im äußersten Südwesten Deutschlands ein beliebtes, abwechslungsreiches und auch kulinarisch reizvolles Reiseziel.

Unsere Autorinnen und Autoren haben in dieser Ausgabe von 360° HeimatReisen den Schwarzwald und den benachbarten Kaiserstuhl für Sie bereist und ihre Erlebnisse niedergeschrieben. Wir starten mit der Reise durch den Schwarzwald mit einer Wanderung ins Blaue auf dem Heidelbeerweg bei Enzklösterle und lernen dabei nebenbei den Umgang mit der Reffe beim Sammeln der kleinen und gesunden blauen Beeren, bevor wir den Hochschwarzwald mit einigen erfrischenden Radtouren „erfahren".

Monika Hamberger nimmt uns anschließend mit in den Südschwarzwald, wo wir zunächst das warme und mineralhaltige Wasser der Casseiopeia-Therme in Badenweiler und eine Bootsfahrt auf dem Titisee genießen, bevor es am nächsten Tag auf den Feldberg geht.

Birgit-Cathrin Duval, zertifizierte Gästeführerin im Naturpark Südschwarzwald, sorgt zunächst für einen gehörigen Adrenalinkick, wenn sie uns mitnimmt auf die BlackForestLine, die erst im Mai dieses Jahres neu eröffnete Hängebrücke über den Todtnauer Wasserfall Beeindruckend ist auch die anschließende Wanderung durch die Wutachschlucht, den größten Canyon Deutschlands.

Gemütlich und entspannt geht es mit Antje Seeling weiter auf einer Teiletappe des Nagoldradwegs, bei der wir die idyllischen Orte Nagold und Calw sowie das Kloster Reuthin besuchen. Abschließend führt uns Heike Scheiding-Brode durch die Toskana Deutschlands, den Kaiserstuhl.

Aber nicht nur der Schwarzwald lockt mit traumhaften Ausblicken und kulinarischen Genüssen. Im Fränkischen Weinland lassen wir uns von Tanja Neumann zu schönen Orten zum Verweilen, Genießen und Entdecken einladen.

Nun verlassen wir Deutschland und haben im schweizerischen Luzern ein Date auf der Spreuerbrücke mit dem Sensenmann, wandeln mit Bernadette Olderdissen auf den Spuren von Claude Monet im ligurischen Dolceacqua, begeben uns mit Michael Juhran im polnischen Niederschlesien auf die Skilanglauf-Loipe und besuchen mit Janett Schindler Wasserfälle und Vulkane auf Island.

Nun aber wünschen wir Ihnen viel Lesespaß mit der neuen Ausgabe unseres Magazins 360° HeimatReisen und natürlich eine gehörige Portion Vorfreude auf Ihren nächsten Urlaub!

***Ihre Redaktion von 360°** Heimat**Reisen***

# Inhalt

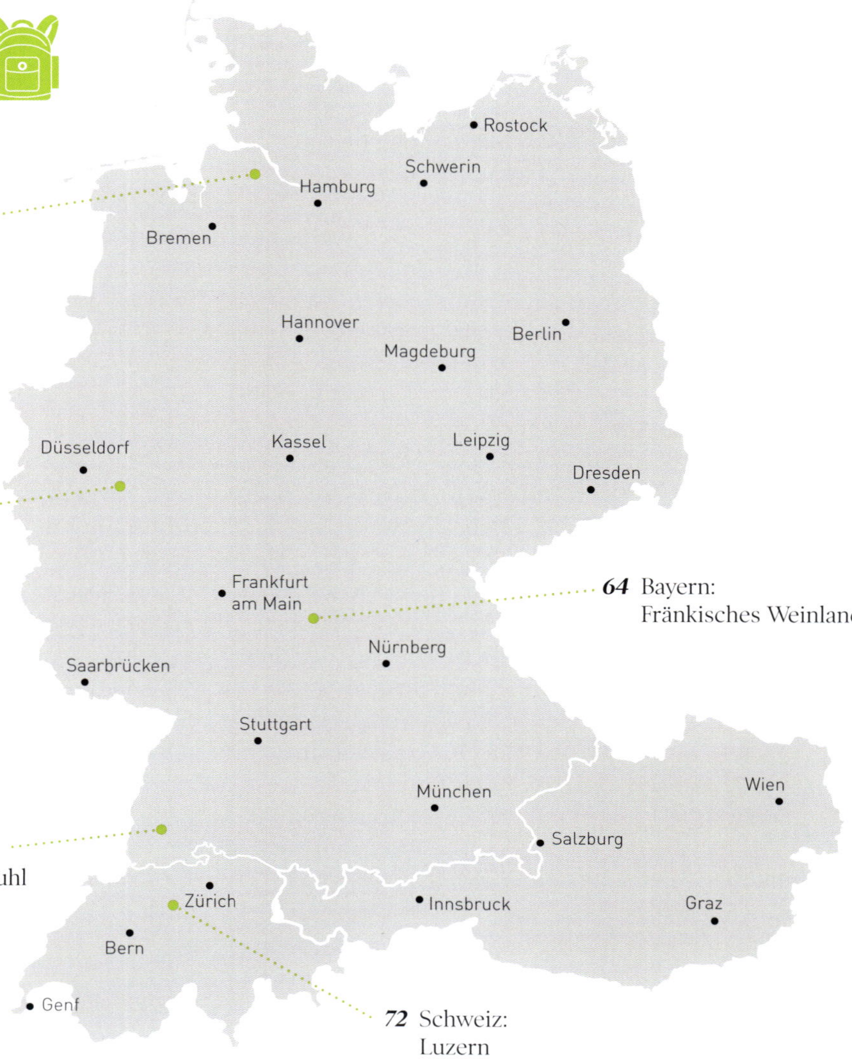

## HeimatMomente



## In der Heimat

## Bei den Nachbarn



## Über den Tellerrand



## Leser**Momente**

# HeimatMomente

## Bayerischer Steinwald: An einem Tag um einen Naturpark radeln

Radwege gibt es in Deutschland en masse. Doch solche, auf denen man an einem Tag einen kompletten Naturpark umrunden kann, sind eher selten. Genau das ist aber im Nordosten Bayerns möglich: Der Steinwald-Radweg schlängelt sich auf knapp 63 Kilometern einmal um den zweitkleinsten Naturpark Bayerns – und lässt den Blick frei auf zahlreiche, teils seltene Pflanzen- und Tierarten.

Der Steinwald liegt im sanft hügeligen Mittelgebirge zwischen Fichtelgebirge und Oberpfälzer Wald. Er ist geprägt von Basaltkuppen, bizarren Felsformationen, geschlossenen Waldlandschaften und vielen stehenden als auch fließenden Gewässern. Ein Großteil des 23.000 Hektar großen Naturparks ist als Schutzgebiet ausgewiesen, das unzähligen Pflanzen und Tieren einen sicheren Lebensraum bietet.

Diese vielfältige Natur wird auf dem Steinwald-Radweg erlebbar. Vier Stunden lang geht es durch geschlossene Waldlandschaften, offene Flure und kleine Ortschaften und vorbei an Sehenswürdigkeiten wie dem Schloss Friedenfels oder der barocken Wallfahrtskirche Maria Hilf in Fuchsmühl. Der schönste Teil der Runde führt auf kurvigen, schmalen Wegen durch das Tal der Fichtelnaab, dem westlichen Quellfluss der Waldnaab. Apropos Wasser: Der Naturpark Steinwald liegt im „Land der 1000 Teiche“, einer Region im Landkreis Tirschenreuth mit rund 4700 Gewässern, in denen vor allem Karpfen gezüchtet werden. Wer den Radweg entlangfährt, kommt durch die Fischerdörfer Kornthan und Muckenthal, die zu den 100 Genussorten Bayerns zählen, und vorbei am riesengroßen Kornthaner Weiher. Auf dem gesamten Radweg wechseln sich anspruchsvolle Steigungen mit flachen Abschnitten ab, ein Teil der Strecke läuft über stillgelegte Bahnschienen. Insgesamt sind etwa 672 Höhenmeter zu überwinden. Der Steinwald-Radweg, der fast komplett asphaltiert ist, eignet sich gut als Tagesausflug für sportliche Radfahrer und E-Bike-Fahrer.

Mehr dazu: *steinwald-urlaub.de*

## Ostheim: Herbstreise in das Biosphärenreservat Rhön

Die Natur erstrahlt in ihren prächtigsten Farben, die Temperaturen sind angenehm und es ist noch lange hell: Der goldene Herbst mit seiner klaren Luft ist für viele Menschen die liebste Jahreszeit. Ein besonders reizvolles Ziel für erholsame Urlaubstage liegt mitten

in Deutschland, genauer gesagt im Dreiländereck Hessen, Bayern und Thüringen: die malerische Kleinstadt Ostheim vor der Rhön. Hier lädt die intakte Naturlandschaft des Biosphärenreservates Rhön auf markierten Wegen zum Wandern, Joggen, Walken und Biken ein.

Ein Wahrzeichen Ostheims prägt die Stadt schon von weitem: die größte und am besten erhaltene Kirchenburg Deutschlands. Die Wehranlage aus dem 15. Jahrhundert steht auf einer Fläche von 0,6 Hektar. Sie besitzt zwei intakte Mauerringe, elf Türme und Bastionen sowie über 60 Kellergewölbe. Im Zentrum steht die majestätische Kirche St. Michael, deren Ursprünge bis ins Mittelalter zurückreichen. Mit kundiger Führung oder auf eigene Faust offenbaren die alten Gemäuer ihre bewegte Geschichte. Die „Freunde der Kirchenburg", ein Verein, pflegt die Anlage und betreibt hier ein Museum.

Mehr dazu: *360grad-travel.club/news/deutschland/item/herbstreise-biosphaerenreservat-rhoen*

## Alzey entdecken – Die heimliche Hauptstadt Rheinhessens

Gerade einmal knapp 20.000 Einwohner hat Alzey. Es geht gemütlich zu in der heimlichen Hauptstadt Rheinhessens, gelegen im Dreieck zwischen Bingen, Mainz und Worms. Doch langweilig wird's hier nie, denn Alzey ist eine kleine Perle mit reicher Geschichte und Kultur. Besucher können die schöne Fachwerkarchitektur des historischen Stadtkerns bewundern, in die Geschichte eintauchen und die sprichwörtliche Gastfreundschaft Rheinhessens genießen. Und noch eins: Alzey ist ein idealer Ausgangspunkt, um Rheinhessen aktiv zu erkunden – in Wanderstiefeln oder vom Fahrradsattel aus.

Dreh- und Angelpunkt in Alzey ist der Rossmarkt. Hier schlägt das Herz des Städtchens. Früher wurde hier Pferdemarkt gehalten. Daran erinnert auch das kapitale Ross am Rossmarktbrunnen – ein beliebtes Fotomotiv und von Kindern gerne erklettert. Fische aus dem Altrhein wurden auf dem benachbarten Fischmarkt verkauft. Doch das ist lange vorbei. Rundum erinnert viel liebevoll gepflegtes Fachwerk an die vergangenen Zeiten. Alzey von oben kann man vom Wartbergturm aus bewundern. Er gilt als Wahrzeichen der Stadt.

Alzey ist auch ein idealer Ausgangspunkt, um die vor der Tür liegende Rheinhessische Schweiz zu entdecken. Hier starten zwei der vielleicht schönsten Hiwweltouren durchs rheinhessische Hügelland.

Fast mediterran wird es, wenn man auf dem Wanderweg „Heideblick" unterwegs ist. Wein, Wald und Wiesen erleben die Wanderer auf der Hiwweltour „Aulheimer Tal". Und es lohnt sich auch, die Region vom Fahrradsattel aus zu erkunden. Gut ausgebaute Radwege, die mal sportlich, mal gemütlich durch die Bilderbuchlandschaft führen, stehen bei Radlern hoch im Kurs. Doch vor allem eins: Hungrig muss hier keiner von dannen ziehen. Wie in Alzey selbst, so gibt es auch an den Wander- und Fahrradstrecken Einkehrmöglichkeiten. Denn zum Wander- und zum Radelspaß gehört auch immer was Gutes für den Gaumen. Auch da hat Rheinhessen jede Menge zu bieten.

Weitere Infos unter: *www.rheinhessen.de*

# HeimatMomente



## Freyburg (Unstrut): Eröffnung der Rotkäppchen Erlebniswelt

Seit über 160 Jahren knallen in Freyburg (Unstrut) die Rotkäppchen Sektkorken. Mit der im Mai eröffneten Erlebniswelt lädt der deutsche Marktführer zu einer faszinierenden Reise durch die Unternehmensgeschichte ein und gibt beeindruckende Einblicke hinter die Kulissen der Herstellung. Für Fans, Genussinteressierte und Tagesausflügler bietet das modern gestaltete Ausstellungserlebnis auf 1400 Quadratmetern einige Überraschungen und viele Gelegenheiten, selbst aktiv zu werden. In der Erlebniswelt finden Besucher über 50 Stationen, die zu einem informativen und interaktiven Erlebnis einladen. Begegnungen mit ZeitzeugInnen und authentische Erinnerungsstücke erwecken die Geschichte der Marke zum Leben, während multimediale Exponate und Mitmach-Stationen ganz in die Rotkäppchen-Welt eintauchen lassen.

Für die Schaffung der Erlebniswelt wurden zwei Etagen in den Kelleranlagen der historischen Sektkellerei aufwendig umgebaut. Zusätzlich ist auf dem Außengelände ein Neubau entstanden, der Empfang, Bar und Shop der Rotkäppchen Erlebniswelt beherbergt. Die Architektur des Pavillons ist an die Gründerzeit angelehnt. Die 39 Säulen greifen dabei nicht nur gestalterische Elemente der historischen Gebäude auf, sondern erinnern in der Form auch an zusammenstehende Sektgläser.

Neben dem Besuch der Ausstellung werden in der Erlebniswelt Verkostungen der Rotkäppchen-Produkte angeboten, die alle im Shop erworben werden können. Dort sind auch exklusive Besonderheiten wie Rotkäppchen 1856, ein jährlich limitierter Premiumsekt aus rebsortenreinen Weinen, erhältlich. Die traditionelle Flaschengärung ist über zwölf Monate gereift und als Weißburgunder Extra Trocken, Spätburgunder Rosé Trocken und Riesling Extra Trocken erhältlich. Besonders die Sorte Weißburgunder erinnert an den Ursprung der Marke, da sie – wie zur Zeit der Gründung Rotkäppchens – aus Trauben von den umliegenden Weinbergen des Anbaugebiets Saale-Unstrut hergestellt wird. Zudem finden im historischen Lichthof regelmäßig Events statt. Im Rahmen des Sektivals stehen beispielsweise Konzerte, Tanz und Kabarett auf dem Programm.

Mehr dazu: *rotkaeppchen.de/erlebniswelt/*

## Harzer Klosterwanderweg: Warum so weit, wenn das Gute liegt so nah?

Dass eine weite Reise zum „Heilen" von Fernweh nicht nötig ist, zeigen die vielen Fernblicke von den Höhen des Harzgebirges auf zahlreiche Kultur- und Naturschönheiten, wie z.B. auf Welterbestätten der UNESCO und romantische Harzstädte. Urlaub im eigenen Land ist jetzt für viele Menschen der Anstoß, die landschaftlichen und kulturellen Besonderheiten in ihren Regionen neu zu entdecken – ein Tipp ist das Wandern auf dem Harzer Klosterwanderweg.

Der 2005 in Ilsenburg gegründete Harzer Klosterwanderweg erfreut sich wachsender Beliebtheit in Zeiten der Orientierung und Sinnsuche. Zwischen Goslar und Quedlinburg verbindet sich das Erholungspotenzial für Körper, Geist und Seele vortrefflich mit Kulturgenuss vom Feinsten – wie an einer Perlenschnur erleben Wanderfreunde auf ca. 95 Kilometern eine vielfältige Kloster- und Kirchenlandschaft mit einem Fokus auf attraktive Stationen: der Gast erwandert länderübergreifend Weltkulturerbestätten der UNESCO, Einrichtungen der „Gartenträume Sachsen-Anhalt" und der „Straße der Romanik". In sechs Etappen zwischen 10 und 20 Kilometern und ohne große Höhenunterschiede lassen sich also landschaftliche Reize mit Kulturgenuss in einer alten Kulturlandschaft entspannt erleben und erwandern, teilweise entlang der ehemaligen innerdeutschen Grenze auf dem Grünen Band.

Die Harzer Klöster, darunter Grauhof, Wöltingerode, Ilsenburg, Drübeck und Michaelstein sind faszinierende Zeugen Jahrhunderte alter Geschichte und machen Lust auf einen Wiederbesuch. Ihre Kultur und Spiritualität, die Atmosphäre stiller Klosterräume, die duftenden Gärten und einzigartige Architektur inspirieren und beleben das ganze Jahr über.

Mehr dazu: *360grad-travel.club/news/deutschland/item/harzer-klosterwanderweg*

## Kreis Höxter: Radeln und kulinarisch genießen

Im Wesertal wogen die Getreidefelder, auf Streuobstwiesen verführen duftende Apfelbäume zum Naschen, am Waldrand lassen sich morgens Rehe blicken und an Forellenteichen wird frischer Fisch geräuchert: Wer mit dem Fahrrad die abwechslungsreiche Landschaft rund um Höxter erkundet, rollt mitten durch die sogenannte Speisekammer Ostwestfalens. Vier Radrundwege sind hier als Kulturland-Genuss-Touren ausgeschildert.

Auf jeweils rund 50 Kilometern verbinden sie die kulinarischen Höhepunkte der Region. Die Tour „Fischers Fritze“ zwischen Höxter und Beverungen beispielsweise führt zusammen, was Landwirtschaft, Backhandwerk und Fischzucht entstehen lassen. Am Weserufer ist die Strecke flach, doch der größere Teil der Runde wartet auch mit Bergwertungen auf. Zur Belohnung gibt es schöne Aussichten, Fischbrötchen und regionale Spezialitäten in den Gasthäusern am Wegesrand, die als „Echte Originale“ ausgezeichnet sind.

Die fruchtbarsten Böden der Region sind in der Warburger Börde zu finden. Hier werden Zwiebeln, Kartoffeln, Chicorée und Erdbeeren angebaut. Dazu gibt es heimische Pilze sowie handwerklich hergestellten Käse und Bier aus der örtlichen Brauerei. Hier fahren die Radler auf der Tour „Bio Börde“ durch weite Äcker und Felder zwischen Warburg, Borgentreich und Willebadessen. Der stille Vulkan Desenberg mit der Burgruine ist ihr landschaftlicher Begleiter, der aus allen Richtungen Orientierung und erstaunliche Ansichten bietet. Bei Bio-Bauern können Gäste selbst Beeren pflücken oder im Hofladen einkaufen. In Warburg laden Feierabendmärkte von Frühling bis Herbst bei Livemusik zu regionalen und internationalen Köstlichkeiten ein.

Auf der Tour „Wildes Westfalen“ wiederum durchqueren die Radler die ungezähmte Seite von Ostwestfalen: Zwischen den Städtchen Steinheim, Nieheim und Marienmünster pirschen sie sich an regionale Produkte aus Jagd, Forst und nachhaltiger Landwirtschaft an. Auf den Speisekarten der Gasthäuser stehen Wildschwein-Burger und Rehrücken, in den Hofläden gibt es Nieheimer Käse, Pfefferbeißer und Fruchtaufstriche fürs Picknick. Die Radrunde „Feine Früchte“ vervollständigt das Genuss-Quartett: Zwischen Bad Driburg und Brakel verläuft sie durch Felder und über bewaldete Höhen, an den Flüsschen Aa und Brucht entlang sowie durch lichte Buchenwälder. Äpfel, Birnen, Zwetschgen und Quitten lassen sich hier nicht nur in Kuchen und Torten genießen, sondern auch in erlesenen Bränden.

Mehr dazu: *kulturland-genuss-touren.de*

# Saale-Unstrut

## Von Kaisern, Königen und dem Wein

Die Leuchtenburg bei Kahla

**Zwischen Leipzig und Jena beginnt eine Reise in glanzvolle Zeiten und zu bezaubernden Orten. Genießer schätzen die Region Saale-Unstrut als Qualitätsweinanbaugebiet, Kulturliebhaber den reichen Schatz aus Burgen, Schlössern und Sakralbauten und Naturbegeisterte kennen die wunderschönsten Wander- und Radwege entlang der Weinberge.**

Wer nach Saale-Unstrut kommt, wird feststellen, dass bis heute imposante Prachtbauten, eingebettet in malerische Flusslandschaften, der Region ein einzigartiges Gesicht geben. Ihre Geheimnisse, ihr „Herz", offenbaren sie denjenigen, die sich Zeit nehmen und alles auf sich wirken lassen.

### Die Sonne ins Glas bringen – Weinbautradition mit Herzblut

Seit über 1000 Jahren wird in Saale-Unstrut Wein angebaut. Mönche brachten die Kunst des Kelterns und Gärens in die Region. Bereits im Jahr 998 schenkte Kaiser Otto III. Weinberge an das Kloster Memleben. Während in Memleben die Benediktiner ihre Weinberge anlegten, prägten rund um das Kloster Pforta bei Naumburg die Zisterzienser mit ihren Reben das Landschaftsbild. Heute gedeihen in Saale-Unstrut mehr Rebsorten, als das Jahr Wochen hat.

Muschelkalk- und Buntsandsteinböden, 1600 Sonnenstunden und 500 Milliliter Niederschlag pro Jahr bringen feingliedrige, duftige, elegant leichte Weine hervor. Junge Winzer eint der gemeinsame Anspruch, Weine nachhaltig zu entwickeln und ihnen ein unverwechselbares Profil zu verleihen.

Drei Weinstraßen, vielseitige Rad- und Wanderwege führen durch die Kulisse

Im Weinberg bei Bad Kösen

aus idyllischen Flusstälern, den Terrassen-Weinbergen und imposanten Bauwerken. Von Höhnstedt über Freyburg bis nach Zeitz, Bad Sulza und Jena wird Wein gekeltert und die Sekttradition gepflegt. Wer in einem der Weingüter einkehrt, findet vielleicht seinen nächsten Lieblingswein!

## Kulturelle Lieblingsplätze zwischen Wasser und Wein

Saale-Unstrut ist hochmittelalterlich geprägt und erstreckt sich vom südlichen Sachsen-Anhalt bis nach Thüringen. Dieses Gebiet im Herzen Mitteldeutschlands weist ein weltweit einmaliges architektonisches Erbe aus 1000 Jahren europäischer Geschichte auf. Weltweite Bedeutung erfährt Saale-Unstrut durch das UNESCO-Welterbe Naumburger Dom. Doch auch die Himmelsscheibe von Nebra, die Raubgräber in einem spektakulären Krimi der neueren Archäologie ans Licht der Öffentlichkeit brachten, gehört zum UNESCO-Welterbe.

Beides sind Aushängeschilder für die Einzigartigkeit der kulturellen Schätze und dennoch nur zwei Beispiele. Burgen wie die Leuchtenburg bei Kahla, die Neuenburg bei Freyburg oder die Burg Querfurt, die zahlreichen Filmen bereits als Kulisse diente, weisen eine gleichermaßen faszinierende Geschichte auf.

Dichter, Komponisten, Schriftsteller sowie Könige und Kaiser wussten Saale-Unstrut bereits vor Jahrhunderten zu schätzen: So wurde das Herz Ottos des Großen in seiner Lieblingspfalz Memleben begraben, Kaiser Friedrich Barbarossa weilte auf der Neuenburg in Freyburg und Johann Wolfgang von Goethe liebte Bad Lauchstädt, Jena und Großkochberg. Der Komponist Heinrich Schütz verbindet Städte wie Weißenfels, Zeitz und Bad Köstritz, die Merseburger Ladegastorgel verführte Franz Liszt zu seinen Werken und Johann Sebastian Bach höchstpersönlich übernahm die Prüfung der Naumburger Hildebrandtorgel und bescheinigte ihr eine Qualität nach seinen Vorstellungen.

*Die Burg Querfurt diente in zahlreichen Filmen als Kulisse.*

*Ein Prosit in den Freyburger Weinbergen ...*

An jeder Ecke, hinter jeder Flussbiegung lockt Saale-Unstrut dazu, anzuhalten und Unerwartetes zu entdecken.

**Saale-Unstrut**

Saale-Unstrut Tourismus GmbH
Tel.: +49 3445 233790
*info@saale-unstrut-tourismus.de*
*saale-unstrut-tourismus.de*

Mit freundlicher Unterstützung von

Freistaat Thüringen – Ministerium für Wirtschaft, Wissenschaft und Digitale Gesellschaft

SACHSEN-ANHALT #moderndenken

# Sattelfest

## auf Flussradwegen durch Saale-Unstrut

*Bei Laucha auf dem Unstrutradweg*

**Aussichtsreiche Strecken am Flussufer, überwiegend flache Wege und ländliche Ruhe: Das bieten die vier Radwege entlang der Flüsse Saale, Unstrut, Weiße Elster und Ilm.**

Der beliebteste unter ihnen ist der Saaleradweg. Er durchläuft Saale-Unstrut einmal von Süd nach Nord und streift Städte wie Orlamünde mit seiner Kemenate, die Porzellanstadt Kahla, das trubelige Jena und imposante Schlösser, Burgen und Kathedralen bis nach Wettin. Überall lohnt sich ein längerer Aufenthalt, um auf Entdeckungsreise zu gehen.

Kultur- und Naturgenuss bietet auch der kleinere Unstrutradweg. Auf rund 190 Kilometern führt er von der Quelle bis zur Mündung in die Saale. Wer das Fahrrad zwischendurch einmal stehen lassen möchte, der kann gerne auf den Fluss wechseln. Entlang der Strecke von Memleben nach Freyburg liegen einige Kanuanbieter, bei denen auch eine Übernachtung möglich ist.

Der 23 Kilometer lange Abschnitt auf dem Elsterradweg zwischen Bad Köstritz und Zeitz ist ebenso abwechslungsreich. Es geht entlang der gemütlich fließenden Weißen Elster, bis sich der Fluss nahe Haynsburg plötzlich in eine kleine Wildwasserstrecke verwandelt, die die Zeitzer Kanuten zum Training nutzen. In Zeitz angekommen, beeindruckt Schloss Moritzburg mit seinem weitläufigen Schlosspark und dem Kinderwagenmuseum.

Beim Ilmtalradweg empfiehlt sich die letzte Etappe über Bad Sulza nach Großheringen. In der Sole-, Kur- und Weinstadt Bad Sulza mit Gradierwerk, Toskana Therme und einem Weinprobe-Automaten in der Tourist-Information kommen Genussmomente nicht zu kurz.

*Am Thüringer Weintor bei Bad Sulza*

Auf dem Unstrutradweg machen 22 interessante Lauschpunkte mit den landschaftlichen und kulturellen Besonderheiten bekannt. Mittels der Lauschtour-App und Standorterkennung des Smartphones geben Kenner der Region ganz automatisch spannende Einblicke zur jeweiligen Strecke, auf der man sich gerade befindet.

# Wandern

## auf geologischen Pfaden

**In Saale-Unstrut ist eine der eindrucksvollsten Epochen der Erdgeschichte erlebbar: die Trias. Vor etwa 250 Millionen Jahren kamen nicht nur die Dinosaurier ins Spiel, es bildeten sich auch Gesteinsschichten aus Buntsandstein, Muschelkalk und Keuper. Saale und Unstrut haben seitdem tiefe und weite Täler aus diesen Sedimenten gewaschen. So entstand eine der bezauberndsten Flusslandschaften Deutschlands mit steilen Hängen, artenreichen Auen und seltenen Trockenrasen – ideal für den Weinbau und ideal zum Wandern.**

Der Geo-Naturpark Saale-Unstrut Triasland, der Naturpark Unteres Saaletal und die Naturerlebnisregion natura jenensis bieten für Wanderfreudige zahlreiche Möglichkeiten, Flora und Fauna kennenzulernen. In den Naturparks beschäftigen sich vor allem die Geopfade mit den erdgeschichtlichen Zusammenhängen. Infotafeln am Wegrand oder auch der eine oder andere Actionbound erfreuen Aktivurlauber jeden Alters. Dabei kommt die Wanderfreude nicht zu kurz. Für die Naturerlebnisregion natura jenensis wurde sogar eine eigene App entwickelt, mit der vier Erlebnispfade mittels Augmented Reality erlebbar sind.

Die SaaleHorizontale, ausgezeichnet als Qualitätswanderweg, ist das Aushängeschild unter den Wanderwegen. Auf insgesamt 91 Kilometern kann der Lust am Wandern gefrönt werden. Jede einzelne Etappe überrascht mit einem eigenen Thema und lädt damit zusätzlich zum Erkunden ein.

*Die Wanderwege bieten faszinierende Ausblicke.*

*Die SaaleHorizontale ist Deutschlands schönster Wanderweg 2023.*

Modernste Augmented-Reality-Elemente erlauben einen eindrücklichen Zugang zu den Themen der vier Erlebnispfade der Erlebnisregion natura jenensis. Die Verbindung von Natur und Geschichte ist auf dem Pfad der Ottonen, dem SaurierPfad Trixi Trias, dem Waldpfad Schlauer Ux und dem NapolenPfad besonders spürbar.

# Der Loopdeelenweg

## „Ronde Plate Dünenkamm" macht Borkums Naturraum hautnah erlebbar

Unterwegs auf dem Loopdeelenweg

**Die Nordseeinsel Borkum hat alles, was das Urlauberherz begehrt: Attraktive Sportmöglichkeiten, ein vielfältiges kulturelles Angebot und ganz besonders eine Natur, die in Deutschland nahezu einmalig ist. Mitten im UNESCO-Weltnaturerbe Wattenmeer gibt es Strand so weit das Auge reicht, riesige Dünenlandschaften und sogar ein kleines Inselwäldchen, welches schlicht „Greune Stee", die „grüne Stelle", genannt wird. All diese Facetten werden dank des Loopdeelenwegs „Ronde Plate Dünenkamm" im Süden der Insel hautnah erlebbar.**

Es sind rund 700 Meter, die es in sich haben. Links und rechts sind die Nordsee, Dünenlandschaften und Salzwiesen zu sehen – und vor allem zum Greifen nah. Auch die Europäische Union und der Nationalpark Niedersächsisches Wattenmeer waren sich dieser Besonderheiten bewusst, förderten und unterstützten den Bau des Weges in einem höchst schützenswerten Raum. Das Zusammenspiel zwischen Flora und Fauna lässt sich hier auf wenigen Quadratmetern hervorragend beobachten. In den Salzwiesen wachsen Pflanzen wie das Schlickgras, das Löffelkraut oder der „Spargel des Nordens", Queller, der häufig bei Mahlzeiten als kulinarisches i-Tüpfelchen dazugegeben wird.

Aber auch das tierische Leben „tobt" hier. Neben etwa 1650 verschiedener Insektenarten nutzen rund 30 Vogelarten die Salzwiesen als Brutstätte. Im Oktober zu den Zugvogeltagen machen Millionen Zugvögel im Wattenmeer und seinen Salzwiesen Halt, um sich für die weite Reise in den Süden auszuruhen und zu stärken. Für Ornithologen eine ganz besondere Zeit, viele von ihnen reisen aufgrund dieses natürlichen Schauspiels und dem damit verbundenen Programm des Nationalparks extra auf die größte der sieben Ostfriesischen Inseln.

Der Loopdeelenweg wurde nicht nur aufgrund des Naturerlebnisses gebaut, er schließt zusätzlich ein Teilstück, mit dem man nun die Insel auf circa 20 Kilometern erkunden und nahezu umrunden kann. Ausgehend vom Musikpavillon an der unteren Promenade in der Nähe des Ortskerns, führt der Weg in Richtung Café „Seeblick" durch die Dünen bis zum Flugplatz. Bei einem kleinen Päuschen lassen sich die startenden und landenden Klein-Flugzeuge beobachten – einen Ausblick auf eine weitläufige Weide- und Wiesenlandschaft mit zahlreichen Vögeln gibt es dabei inklusive.

Dann geht´s weiter auf dem Rad- und Wanderweg über die Bauernstuben/Café Ostland bis zum Aussichtspunkt „Stee-

Die Salzwiesen bieten einen einzigartigen Lebensraum für Pflanzen und Tiere.





renklipp". An klaren, sonnigen Tagen kann man von hier über die ganze Insel schauen. Weiter geht's auf oder am Neuen Deich entlang über die Reedestraße in die Greune Stee und man erreicht den rund 700 Meter langen Lückenschluss, der wiederum zum „Schwarzen Deich" und über den Südstrand zurück zur Promenade führt. Wer etwas mehr möchte, kann in die Route noch einen Abstecher zur Halbinsel Reede aufnehmen. Fährt man dort über die 2020 errichtete Wattenmeer-Promenade, sind mit den Salzwiesen und dem einmaligen Ausblick in das Wattenmeer alle Vegetationen Borkums auf einer Tour zu sehen. Dabei weht einem die wunderbare Luft des Hochseeklimas stets um und in der Nase.

Der Loopdeelenweg „Ronde Plate Dünenkamm" ist ein echtes Highlight für einen perfekten Borkum-Urlaub.

Einen malerischen Sonnenuntergang und Live-Musik gibt es am Musikpavillon.

# Natursteig Sieg

## 200 Kilometer pures Wandervergnügen

Blick vom Aussichtspunkt „Alter Stuhl" am Natursteig Sieg

**Beeindruckende Flusslandschaften und herrliche Aussichten entlang eines abwechslungsreichen Wegeverlaufs, fast 200 Kilometer pures Wandervergnügen abseits der belebten Touristenpfade – das ist der Natursteig Sieg!**

Die Besonderheit des Steiges liegt in seiner Ursprünglichkeit. Schmale Pfade und vielfach historische Wege führen durch die abwechslungsreiche Landschaft entlang der Sieg. Dabei geht es immer wieder runter an den Fluss und auch wieder hinauf in die Höhe. Dort erwartet Sie dann eine einmalige Belohnung: Die herrliche Aussicht über die Naturregion Sieg. Burgen, Fachwerkdörfer und beeindruckende Naturdenkmäler zeugen von der Geschichte des Siegtals und seiner Menschen.

Ursprüngliche und historische Wege prägen den Natursteig Sieg

### Wandern von Bahnhof zu Bahnhof

Einfach losgehen und den Alltag hinter sich lassen: Jede der 14 Etappen des Natursteig Sieg startet an einem Bahnhof und ist auch einzeln ohne große Planung begehbar.

Wanderer an der Burgruine Windeck

### Gratis-Ticket für den Verkehrsverbund Rhein-Sieg bei Hotel-Buchung inklusive!

**Tipp:** Wenn Sie Ihre Unterkunft über die Website *natursteig-sieg.de* buchen, erhalten Sie für den gesamten Aufenthalt ein kostenloses Ticket für den Verkehrsverbund Rhein-Sieg.

**Besucherzentrum Naturregion Sieg**
Tel.: +49 2292 9532023
*info@natursteig-sieg.de*
*natursteig-sieg.de*

# Panarbora

## Hier staunt der Gott des Waldes

Autor: Andreas Walter

Blick auf das Panarbora-Gelände

**Den Wald und die Natur aus einer anderen Perspektive erleben. Das ermöglicht der Naturerlebnispark Panarbora in Waldbröl mit seinem Baumwipfelpfad, dem eindrucksvollen Aussichtsturm und vielen weiteren Attraktionen sowie außergewöhnlichen Übernachtungsmöglichkeiten.**

Der Ausblick ist überwältigend, wenn die obere Plattform des Aussichtsturms in einer Höhe von 34 Metern erreicht ist. Ein Rundumblick über das Bergische Land, der seinesgleichen sucht. Der Aussichtsturm ist das Prunkstück und der im wahrsten Sinne des Wortes krönende Abschluss des im Herbst 2015 auf einem ehemaligen Bundeswehrgelände eröffneten Naturerlebnisparks Panarbora. Namenspaten für den Park sind „Pan“, der griechische Gott des Waldes und der Natur sowie natürlich der wichtigste Protagonist im Wald, der Baum unter seinem lateinischen Namen „Arbor“.

Der Start in das Abenteuer Panarbora ist eine Rundwanderung über den inklusive Turmbesteigung 1635 Meter langen Baumwipfelpfad. Auf zwei Ebenen führt dieser durch den Nutscheidwald, mit einer Fläche von rund 1500 Hektar das größte zusammenhängende Waldgebiete des Ber-

Der Aussichtsturm des Panarbora

Unterwegs auf dem Baumwipfelpfad

gischen Landes. Die Wanderung auf dem Baumwipfelpfad ist barrierefrei auf einer Höhe von maximal 23 Metern angelegt und vermittelt an sechs interaktiven Lern- und Erlebnisstationen Wissenswertes über den Wald und die Natur des Bergischen Landes.

Der Besucher lernt verschiedene Waldtypen kennen, erfährt, welche Tiere tagsüber und nachts im Wald aktiv sind und auch, welche wichtige Rolle Totholz im Wald spielt. An drei weiteren Stationen wird die Rolle des Menschen im Wald unter die Lupe genommen. Es wird gezeigt, dass Holz ein außergewöhnlicher und vielseitiger Rohstoff ist, wie die Niederwaldwirtschaft im 19. Jahrhundert das Erscheinungsbild des Bergischen Landes beeinflusst hat und welchem Wandel das Bergische Land im Laufe der Jahrhunderte insbesondere durch Menschenhand durchlaufen hat.

Die Informationen an den Lern- und Erlebnisstationen sind auch für Kinder unterhaltsam verpackt, zum Beispiel über Memory-Spiele und Puzzles. Unterwegs bieten sich dem Besucher spannende Ein-

Eine Lern- und Erlebnisstation

**BUCHTIPP – Bergisches Land – 50 Mikroabenteuer zum Entdecken und Genießen**

Das Autorenteam nimmt Sie in diesem Buch mit in die Erlebniswelt Neandertal, in der die Geschichte der Menschheit lebendig wird, begleitet Sie im Kaiserwagen der Schwebebahn durch Wuppertal und führt Sie nach Schloss Burg, zum ehemaligen Stammsitz der Grafen von Berg. Die zahlreichen Talsperren im Bergischen Land werden zu Fuß oder mit dem Fahrrad entdeckt und im Freilichtmuseum in Lindlar wird der in der Vergangenheit nicht immer ganz leichte Alltag auf dem Land erlebbar. Sie werden überrascht sein, wie viele Abenteuer im Bergischen Land auf Sie warten!

***Bergisches Land***
***Janett Schindler / Andreas Walter***
*360° medien, erscheint im Oktober 2023, ca. 256 Seiten*
*Preis: 16,95 EUR*
*ISBN: 978-3-96855-386-3*
*360grad-medienshop.de/hm-bergisches-land*

blicke in die Baumkronen, die einem beim Wandern durch den Wald eher verborgen bleiben und über Aussichtsplattformen schweift der Blick weit über das Bergische Land.

Am Ende des Rundweges ist der Aussichtsturm wieder erreicht und mit moderaten Steigungen geht es Runde für Runde bergauf. Unterwegs lohnt immer wieder der Blick auf Infotafeln mit einem Höhen-Quiz. So wird es auch für die kleinen Besucher nicht langweilig, bis die Aussichtsplattform erreicht ist: was für ein Panorama! Neben dem 360°-Rundblick fällt in der Mitte der Aussichtsplattform ein abgeschnittener Baumstamm ins Auge. Alt ist er geworden, der Baum und was er dabei im Laufe seines Lebens im Bergischen Land erlebt hat, darüber informieren zehn Infotafeln, die rund um den Stamm angebracht sind.

Doch der Naturerlebnispark Panarbora hat noch mehr zu bieten. Da gibt es einen Sinnesrundweg mit Barfußpfad, Sprunggrube und Balancierseilen einen Kräutergarten, der in Hochbeeten die Vielfalt der europäischen Kräuterwelt präsentiert, ein Kleintiergehege, ein Feuchtraumbiotop und viele andere Attraktionen, die den Besuch im Panarbora zu einem rundum gelungenen Erlebnis werden lassen.

**LAGE:**
Der Naturerlebnispark Panarbora liegt südlich von Waldbröl, etwa fünf Autominuten vom Stadtzentrum entfernt, Nutscheidstr. 1, 51545 Waldbröl.

**EINKEHREN:**
Panarbora-Restaurant mit wechselnden nationalen und internationalen Gerichten, Salatbar und Live-Cooking-Stationen: *panarbora.de/restaurant*

**AKTIVITÄTEN:**
- Wanderung auf dem Waldmythenweg (Bergischer Streifzug Nr. 23), Länge: 12,8 Kilometer, 376 Höhenmeter, Start und Ziel: Vierbuchermühle 2, 51545 Waldbröl. Der Weg führt unter anderem auch am Naturerlebnispark Panarbora vorbei: *bergisches-wanderland.de/tour/waldmythenweg-streifzug-23* (inkl. GPX-Download).
- Waldbröler Vieh- und Krammarkt (seit über 170 Jahren), Hochstraße, 51545 Waldbröl, alle 14 Tage donnerstags: *wir-fuer-waldbroel.de/vieh-und-krammarkt*

Wer hier nicht nur einen Tag verbringen möchte, dem bietet Panarbora mit seiner Jugendherberge auch außergewöhnliche Übernachtungsmöglichkeiten, zum Beispiel in Baumhäusern sowie in den Erlebnisdörfern Afrika, Asien und Südamerika.

*Der Aussichtsturm des Panarbora*

# 360° Kalender

## 360° Premiumkalender

**Premiumkalender** | Format 50 x 35 cm

| | |
|---|---|
| **Alpen** | 978-3-96855-365-8 |
| **Australien** | 978-3-96855-363-4 |
| **Berlin** | 978-3-96855-337-5 |
| **Bretagne** | 978-3-96855-349-8 |
| **Costa Rica** | 978-3-96855-340-5 |
| **Cote d'Azur** | 978-3-96855-359-7 |
| **Dolomiten** | 978-3-96855-361-0 |
| **Franken** | 978-3-96855-342-9 |
| **Gardasee** | 978-3-96855-360-3 |
| **Griechenland** | 978-3-96855-352-8 |
| **Hawaii** | 978-3-96855-353-5 |
| **Irland** | 978-3-96855-367-2 |
| **Island** | 978-3-96855-333-7 |
| **Japan** | 978-3-96855-338-2 |
| **Kanada – Der Westen** | 978-3-96855-354-2 |
| **Kanada – Nova Scotia** | 978-3-96855-358-0 |
| **Kanarische Inseln** | 978-3-96855-343-6 |
| **Lofoten** | 978-3-96855-335-1 |
| **Madeira** | 978-3-96855-344-3 |
| **Mallorca** | 978-3-96855-350-4 |
| **Namibia** | 978-3-96855-348-1 |
| **Neuseeland** | 978-3-96855-366-5 |
| **New York** | 978-3-96855-339-9 |
| **Nordlichter** | 978-3-96855-364-1 |
| **Norwegen** | 978-3-96855-334-4 |
| **Provence** | 978-3-96855-346-7 |
| **Schottland** | 978-3-96855-347-4 |
| **Schweden** | 978-3-96855-345-0 |
| **Schweiz** | 978-3-96855-351-1 |
| **Seychellen** | 978-3-96855-341-2 |
| **Skandinavien** | 978-3-96855-357-3 |
| **Südtirol** | 978-3-96855-362-7 |
| **Toskana** | 978-3-96855-356-6 |
| **USA** | 978-3-96855-355-9 |
| **Vietnam** | 978-3-96855-336-8 |

Jeweils 14 Kalenderblätter, Spiralbindung
**26,95 € [D] 26,95 € [A] 30,70 CHF**

# Altes Land

## Herbstwanderungen von Hamburgs Süden bis zur Elbmündung

*Während der Apfelernte im Herbst ist das Alte Land am Elbstrom ein besonders reizvolles Wanderziel.*

**Im Alten Land am Elbstrom lässt sich der Herbst riechen, schmecken und beobachten. Im größten zusammenhängenden Obstanbaugebiet Nordeuropas beginnt die Erntezeit für Äpfel, stromabwärts machen Tausende Zugvögel Rast zwischen Stade und Cuxhaven. Eine wunderbare Jahreszeit für ausgedehnte Wanderungen durch das flache Land, auf Deichwegen entlang der Elbe und beschaulicher kleiner Flüsse, durch geheimnisvolle Moore und rund um die Hansestädte Stade und Buxtehude. Während der Apfelwochen bis in den Oktober laden Obsthöfe zu Apfelkistenexpressfahrten, Führungen rund um die Apfelplantagen, zum Äpfel pflücken und zu Kaffee und Kuchen ein.**

In und rund um die Märchen- und Hansestadt Buxtehude gibt es beim Wandern viel zu entdecken, etwa entlang der Este, die durch die Stadt fließt. Buxtehude zeigt sich mit historischem Hafen und Altstadt, Marschtorzwinger und gotischer St. Petrikirche sowie vielen weiteren Sehenswürdigkeiten von ihrer besten hanseatischen Seite. Auf der Wasser-Wald-Wiese-Strecke in Stade geht es entlang der schönsten Orte und beliebtesten Naturwege der Hansestadt. Die Route führt auf neun Kilometern entlang des Burggrabens, der Wallanlagen, des Schwarzen Bergs und des Schwingetals. Als Highlight lockt am 14. und 15. Oktober das Stader Shantychor-Festival.

Abwechslungsreiche Landschaften zwischen Moor, Wald und Geest finden Wanderer auf acht ausgeschilderten Wanderwegen rund um die Samtgemeinde Horneburg mit reizvollen Zielen wie Schloss Agathenburg, dem historischen Burgmannshof oder dem Handwerksmuseum Horneburg. Etwas weiter südlich, rund um die Samtgemeinde Harsefeld, laden geführte Beeren- und Kräuterwanderungen, Veranstaltungen wie Theater im Wald oder Harsefelder Herbstzauber zu Entdeckungsreisen durch die Natur ein.

Die Wanderwege an der Elbmündung im Kehdinger Land versprechen mariti-

Idyllische Wanderung auf dem Deich: Der Leuchtturm ist das Wahrzeichen der Elbinsel Krautsand.



mes Flair und spannende Beobachtungen von Pflanzen und Tieren. Wer seinen Füßen einmal Ruhe gönnen möchte, unternimmt eine Tour mit dem Tieden-, Moor- oder Vogelkieker. Fahrten per Flachbodenschiff, alter Lorenbahn oder Bus bieten Einblicke in die faszinierende Wasserwelt entlang der Elbinseln, in die Moorlandschaft oder die Weiten des Kehdinger Lands.

Entspannung und Entschleunigung findet man auf drei großen Pilgerwegen durch die Region wie auf der Via Romea Germanica. Etappen führen in die historische Klosterstadt Harsefeld und entlang einer Kirchen- und Orgellandschaft, die auch geprägt ist vom Wirken des berühmten Orgelbauers Arp Schnitger. Vier seiner Orgeln befinden sich im Alten Land am Elbstrom.

Alle Wandertouren sind über die kostenlose App „Altes Land am Elbstrom" verfügbar, mehr Infos: *urlaubsregion-altesland.de.*

Die Schwebefähre über die Oste ist ein außergewöhnliches Industriedenkmal.

# Auf Kurzbesuch in Kassel

**Bergpark, Fridericianum, Grimmwelt – Empfehlungen für ein perfektes Kassel-Wochenende**

Friedrichsplatz mit Blick auf das Fridericianum

Freitagnachmittag, 15 Uhr, erst einmal ankommen in der grünsten Stadt Hessens. Das geht ganz gemütlich unter den Markisen des Cafés „Eislust“ am Friedrichsplatz. Hier schlägt das Herz der 200.000-Einwohner-Stadt: Ein Stück den Platz hinauf liegen das Rathaus und die Obere Königsstraße, Kassels große Shoppingmeile. Direkt gegenüber erhebt sich das Museum Fridericianum mit seinen prachtvollen Säulen. Alle fünf Jahre ist das Haus ein Hotspot der documenta, doch gibt es dort auch außerhalb der großen zeitgenössischen Kunstschau sehr sehenswerte Ausstellungen.

## Ein großer Garten in der Stadt

Wer lieber ins Grüne möchte, geht nur ein paar Schritte hinunter in die Karlsaue. Kassel gönnt sich direkt neben seiner Innenstadt einen 150 Hektar großen Landschaftspark. Dort lässt es sich herrlich flanieren, entlang der Auen, durch die Wälder, bis irgendwann wieder die leuchtende Fassade der Orangerie erscheint. Die Terrasse des Landschlosses aus dem 18. Jahrhundert ist ein idealer Ort für einen Aperitif. Für das Abendessen geht es ein Stück am Ufer der Fulda entlang; ab der historischen Drahtbrücke gibt es gleich mehrere Restaurants, in denen man den Tag in Kassel bei einem guten Essen direkt am Wasser beschließen kann.

Der Aueteich in der Karlsaue

## Samstag: Es wird märchenhaft in der Heimat der Brüder Grimm

Wir starten unsere Tour im Vorderen Westen: Der Bereich rund um den Bebelplatz hat sich zum Szeneviertel gemausert, mit Boutiquen, Concept-Stores und Cafés. Ein gutes (zweites) Frühstück gibt es im „Westend“ oder im „Satt und glücklich“. In Kassel sind die Wege kurz. Man kann sich nun wahlweise die großformatige Street-Art im Schillerviertel anschauen. Oder man forscht nach den vielen ständigen documenta-Überbleibseln in der Stadt, wie beispielsweise den 7000 Eichen von Joseph Beuys.

Joseph-Beuys-Mural in der Public Art Gallery

Am Nachmittag treffen wir große deutsche Dichter: Auf einem ehemaligen Weinberg liegt die Grimmwelt, auf fünf Etagen verzaubert sie nicht nur ein junges Publikum. Die moderne Präsentation der Märchen und des Wörterbuchs der Brüder Jacob und Wilhelm Grimm ist preisgekrönt. Im Anschluss spaziert man noch über die Weinbergterrassen und holt sich Appetit für das Abendessen. Wenn es da etwas Besonderes sein soll, ist das „Mondi“ die erste Adresse: Für seine grüne Küche hat das Lokal sogar einen Michelin-Stern bekommen. Später noch auf einen Drink in eine der Bars im Vorderen Westen – also dorthin, wo der Tag begann.

Für den Bergpark Wilhelmshöhe ist der Rest des Aufenthalts reserviert. Wer die 539 Stufen nicht hinaufkraxeln möchte, startet direkt oben am Herkules, dort hält sogar ein Linienbus. Die Statue ist monumental, mit Pyramide und Oktogon unter ihr ragt sie 71 Meter in den Himmel. Von der Plattform aus blickt man weit über die Stadt und den Park.

## Sonntag: zur Wilhelmshöhe

Der erstreckt sich über eine Fläche von 560 Hektar am Hang des Habichtswalds, seit 2013 zählt er sogar zum Weltkulturerbe der UNESCO für seine einzigartige Gartenkunst. Es gibt dort ebenfalls zwei wahre Prachtbauten zu entdecken: die trutzige Löwenburg, einst Lustschloss der Landgrafen, und das große Schloss Wilhelmshöhe, mit seinen Museen und seiner beeindruckenden Sammlung Alter Meister. In der Saison von Mai bis Oktober wartet mit den barocken Wasserspielen noch ein Highlight, bei dem sich die Fluten über die Kaskaden in einer kolossalen Fontäne in das Neptunbassin vor dem Schloss stürzen.

Ein echtes Spektakel – und das perfekte Ende für einen Kurztrip nach Kassel. *www.kassel.de*

Der Herkules im Bergpark Wilhelmshöhe

Die Opelvillen am Rüsselsheimer Mainufer

**Verstaubt? Überhaupt nicht. Wir zeigen fünf Kunstmuseen in Hessen, die wirklich Spaß machen.**

## Kunst- und Kulturstiftung Opelvillen, Rüsselsheim: Eine Villa für Kultur

Sie gelten als Perlen am Rüsselsheimer Mainufer: die Opelvillen. Einst für den Direktor der Opel-Werke erbaut, dient die über 100 Jahre alte Villenanlage heute als stilvolles Ambiente für wechselnde Ausstellungen. Dabei im Fokus: der Weg von der Moderne in die Gegenwart, gezeigt wird vor allem nationale und internationale Kunst vom Beginn des 20. Jahrhunderts bis heute.
*opelvillen.de*

Im Rosenhang Museum

## Rosenhang Museum, Weilburg: Kunst, die berührt

Das Rosenhang Museum verspricht eine Menge: „Packende moderne Kunst", mit der man auch „... was anfangen kann. Kunst, die fesselt und berührt", und tatsächlich gelingt dem jungen Museum in Weilburg an der Lahn dieser Spagat: unterhaltsam und interessant zu sein, ohne sich zu verbiegen. In dem Gebäude einer umgebauten Brauerei zeigt das Haus namhafte deutsche und internationale Künstlerinnen und Künstler und stellt Kunstschaffenden Ateliers für ihre kreative Arbeit.
*rosenhangmuseum.de*

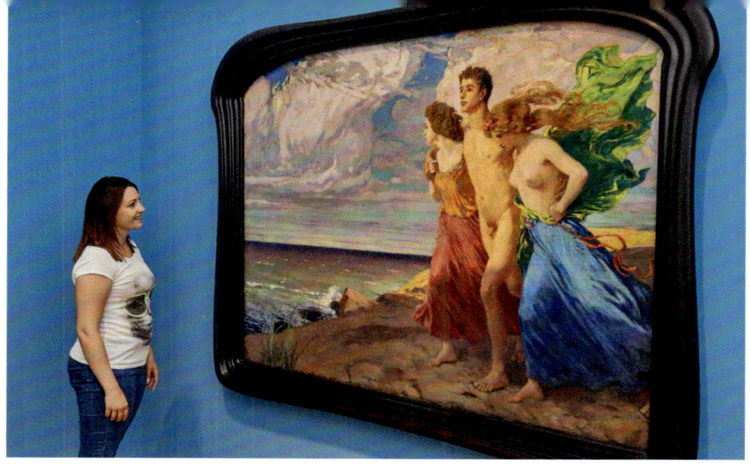

*Im Museum Künstlerkolonie*

## Mathildenhöhe, Darmstadt: Echte Künstlerkolonie

Die auffälligen goldenen Zwiebeltürme sieht man schon von Weitem. Sie verweisen auf die große Geschichte der Mathildenhöhe: 1899 entstand rund um das Gartenareal eine Künstlerkolonie, die Darmstadt zu einem der Zentren des Jugendstils machen sollte. In dieser Tradition steht das Haus mit seinen Ausstellungen bis heute. Das wurde 2021 mit einer Aufnahme in die Liste des UNESCO-Welterbes belohnt. Sehr sehenswert!
*mathildenhoehe.eu*

## MMK, Frankfurt am Main: Von Beuys bis Lichtenstein

Dieses Haus hat es in sich: Die Sammlung des Museums für Moderne Kunst in Frankfurt am Main umfasst über 5000 Werke, Fotografien, Malereien, Skulpturen, ausschließlich Kunst der Gegenwart seit den 1960er-Jahren. Darunter Giganten wie Joseph Beuys, Roy Lichtenstein oder Andy Warhol. An drei Standorten – dem Museum, dem Zollamt und dem Tower – gibt es regelmäßig wechselnde Ausstellungen.
*mmk.art*

## mre, Wiesbaden: Die pure Leichtigkeit

In der Landeshauptstadt Wiesbaden entsteht mit dem Museum Reinhard Ernst ein echtes Architektur-Schmuckstück: Ein heller, vollverglaster Bau mit Atrium, über das viel Tageslicht in die Ausstellungsräume fällt. Entworfen wurde es vom bekannten Pritzker-Preisträger Fumihiko Maki. Auf drei Etagen soll schon bald abstrakte Kunst hängen, die Sammlung Reinhard Ernst bildet das Herzstück des Hauses. Die Eröffnung ist im Herbst/Winter 2023 vorgesehen.
*museum-reinhard-ernst.de*

Weitere Inspirationen entdecken:
*hessen-tourismus.de/de*

*Das Atrium im Museum Reinhard Ernst*

# Schwarzwald: Wanderung ins Blaue auf dem Heidelbeerweg



Mit Körben und sogenannten Reffen geht's in die Beeren.

**Touren, ein Fest und überraschende Genüsse: Rund um das Heidelbeerdorf Enzklösterle im Schwarzwald wachsen die kleinen Waldbeeren ganz wild. Ein Familienausflug auf dem Heidelbeerweg ...**

Jetzt im Ernst? Die Zunge soll er rausstrecken? Das lässt sich der achtjährige Lars nicht zweimal sagen. Er stopft sich eine Handvoll der frisch gesammelten Wildheidelbeeren in den Mund, kaut betont langsam und schluckt. Dann lacht er – und streckt seinen Eltern die lilablau gefärbte Zunge entgegen. Eben hat Revierförster Stefan Waidelich der Familie nämlich erzählt, warum die Heidelbeeren, die rund um das Schwarzwalddorf Enzklösterle im Wald wachsen, so gesund sind.

Wilde Heidelbeeren haben extra viel vom blauen Farbstoff.

Er bezeichnet sie sogar als regionales Superfood: Der blaue Farbstoff der Beeren gehört zur Gruppe der Anthocyane, was wiederum sekundäre Pflanzenstoffe sind. Die dunkle Färbung ist bei der wilden Heidelbeere viel intensiver als bei der größeren, kultivierten Variante und hat viele gute Inhaltsstoffe. Die können unter anderem das Herz schützen und das Krebsrisiko senken. Heidelbeeren stärken das Immunsystem, wirken entzündungshemmend, unterstützen die Gewichtsreduktion und sollen gegen Stress helfen. Bei dem Knirps ist das natürlich alles noch nicht so sehr relevant, aber die Farbe beeindruckt den Jungen schon. Und lecker findet er die Früchtchen ohnehin.

In den Wäldern rund um Enzklösterle wächst das wertvolle Obst seit Jahrhunderten reichlich – mittlerweile nennt sich der Ort selbstbewusst Heidelbeerdorf. Ein Heidelbeerfest wird jedes Jahr zur Ernte im Juli veranstaltet, und im Heidelbeer-Haus mitten im Ort gibt es Spezialitäten aus der Region und von weiter her, die beweisen, dass die Heidelbeere kulinarisch im 21. Jahrhundert angekommen ist: Senf, Chutney, Essig. Die Früchte geben nicht nur Marmeladen einen tollen Geschmack. Eigentlich logisch, dass in Enzklösterle aus der traditionellen Schwarzwälder Kirschtorte längst eine Schwarzwälder Heidelbeertorte geworden ist. Es werden sogar Backkurse angeboten ...

Zum Sammeln hat Förster Stefan Waidelich eine traditionelle Reffe mitgebracht – eine kleine Kiste mit einer Art Kamm vorne dran. Wenn man mit diesem Erntegerät durch die Büsche fährt, dann kämmt man die Beeren quasi aus – sie fallen direkt in das dazugehörige Holzkästchen. Lars und seine Eltern probieren es aus und sind bald ganz in ihrem Element, während der kleine Bruder Nils lieber zuschaut und nascht. Funktioniert richtig gut und geht schneller, als jede Heidelbeere einzeln abzuzupfen. Die Ausbeute begutachtet die Familie dann auf dem Schöllkopfplateau auf 800 Metern Höhe. Dort gibt es eine Aussichtsplattform mit Tischen und bequemen Holzliegen. Lars hilft Förster Stefan Waidelich, mit den in den Reffen gesammelten Beeren die Sammelkörbe zu füllen. Er erfährt dabei auch, wie Heidelbeeren klingen. Kein Witz. Für Förster Stefan Waidelich ist das leise Kullern der Heidelbeeren in die Körbe eines der schönsten Geräusche der Welt. Gefolgt vom Klong beim gemeinsamen Anstoßen mit Heidelbeer-Eistee an einer der Getränkestationen im Wald natürlich. Am zwölf Kilometer langen Heidelbeerweg ist für alles gesorgt – die Erfrischung lagert mal im Bächlein des Lappachtals,

Mit der sogenannten Reffe geht das Sammeln fast von alleine.

mal in einem kleinen Brunnen am Wegrand.

Seit etwa zehn Jahren gibt es den Premiumwanderweg, der sternförmig rund um den kleinen Schwarzwaldort führt. Er macht nicht nur die Heidelbeere zum Erlebnis – er bietet auch sonst eine Menge Abwechslung. Mal findet der schmale Pfad seinen Weg durch lichten Wald mit Kiefern, Fichten und vielen Felsen, dann geht's durch einen geheimnisvoll wirkenden alten Buchenwald. An einem Rotwildgehege kommt die kleine Heidelbeersammelgruppe vorbei und an den besagten Erfrischungen auch – jetzt im Hochsommer ist das eine Wohltat.

Der 12,7 Kilometer lange Premiumwanderweg führt oft auf schmalen Pfaden durch den Heidelbeerwald bei Enzklösterle. Unterwegs gibt es viele schöne Aussichten. Im oberen Teil wandert man durch eine Felsenlandschaft, dann wieder führt der Weg durch Buchenhaine. Ausgangspunkt ist die Tourist-Information im Ort. Der Rundweg kann problemlos in zwei Etappen aufgeteilt werden und ist gut ausgeschildert. Höhepunkte unterwegs sind die Heidelbeerplattform, wo man ein Vesper einplanen sollte, die Getränkestationen und das Rotwildgehege. Teilweise geht es mitten durch die Heidelbeerfelder.

Mehr dazu:
*360grad-travel.club/news/deutschland/item/schwarzwald-heidelbeerweg*

Förster Stefan Waidelich kennt viele Heidelbeer-Storys.

# Hochschwarzwald: Tipps für erfrischende Radtouren

Tour mit dem Mountainbike im Hochschwarzwald

**Ob auf dem Mountainbike, dem Rennrad, Gravel- oder E-Bike, Radfahren wird im Hochschwarzwald zum echten Naturerlebnis. Die Ferienregion verspricht auf einem Wegenetz von 892 Kilometern Länge neben abwechslungsreichen Touren vor allem beste Sicht über Deutschlands höchstes Mittelgebirge. In den Sommermonaten empfehlen sich die zahlreichen Strecken mit Badestopp oder entlang von Flüssen und Seen.**

## Gipfeltrail Hochschwarzwald

Wilde Wälder, offene Weideflächen, tiefblaue Seen: Der Gipfeltrail verspricht Hochschwarzwald pur. Über 140 Kilometer und fast 4000 Höhenmeter führt die durchgängig beschilderte Route rund um das Feldberggebiet, den Titisee und den Schluchsee. In seinem Verlauf folgt der Gipfeltrail größtenteils befestigten Forstwegen, naturbelassene Trails machen etwa ein Viertel der Gesamtstrecke aus.

Mit dem Gravelbike am Stübenwasen.

Der idyllische Feldsee, der Mathisleweiher und der Schlüchtsee liegen nur wenige Meter vom Gipfeltrail entfernt. Zum Aufladen der Energiespeicher laden zahlreiche Hütten und Berggasthöfe am Wegesrand ein. Hinsichtlich der Wegführung und Tourlänge bietet der Gipfeltrail durch seine Unterteilung in eine östliche Schleife (107 Kilometer, 2800 Höhenmeter) und eine westliche Schleife (44 Kilometer, 1550 Höhenmeter) vielfältige Variationsmöglichkeiten.

## Tour der Türme in Furtwangen

Die knapp 47 Kilometer lange, mittelschwere Tour startet am Marktplatz in Furtwangen und führt in Richtung Neukirch bergwärts durch ein idyllisches Hochtal. Höhepunkte der Strecke sind die beiden Aufstiege zum Brend- sowie dem Stöcklewaldturm. Von dort aus reicht der Blick bis zum Feldberg und weit über die Region hinaus. Die Donauquelle liegt ebenfalls auf dem Weg sowie verschiedene Gasthöfe, die zur Stärkung einladen.

*Auf Schotterwegen geht's bergauf*

## Seenreicher Gravelgenuss

Diese Graveltour bietet ordentlich Höhenmeter auf kurzer Distanz und immer wieder erfrischende Momente. Auf der 39 Kilometer langen Rundtour warten 800 Höhenmeter und die bekanntesten Seen im Hochschwarzwald: Schluchsee, Windgfällweiher und Titisee locken mit besonderen Ausblicken und Bademöglichkeiten. Auch der idyllische Feldsee liegt nah an der Strecke, kurz bevor der Weg hinauf zur Feldberg-Passhöhe führt.

Weitere Informationen zum Radurlaub im Hochschwarzwald unter *hochschwarzwald.de/Radfahren*

*Biker am See*

# Mehr als Kuckucksuhr und Kirsch-Torte

**Der Südschwarzwald steckt voller Überraschungen**

*Blick vom Belchen über die Schwarzwaldhöhen*

Leichtes Nieseln setzt ein, nach einem vorwiegend sonnigen Tag. Doch im Außenbecken der Cassiopeia-Therme stört dies niemand. Man liegt oder schwimmt im warmen, mineralhaltigen Thermalwasser: Die einen aus purem Vergnügen, andere, weil das Bad Erleichterung für allerlei Beschwerden verspricht. Schon vor 2000 Jahren wussten Römer um die wohltuende Wirkung des Heilwassers. Der heutige, architektonisch sehr gelungene Komplex in Badenweiler hat seinen Ursprung im „Markgrafenbad". Ausgrabungen des Römerbades gaben Hinweis auf die schon früh genutzte Quelle. Wohl geschützt unter einer Glaskuppel, neben der Therme, sind sie der Öffentlichkeit zugänglich.

Schon lange bevor der eigentliche Schöpfer des Parks, Ernst Krautinger, 1864 für Großherzog Friedrich I. von Baden einen Schlosspark anlegte, fanden Gewächse aus aller Welt ihren Weg in die weitläufige Anlage. Manche Bäume ragen bis zu 40 Meter gen Himmel. Sie gedeihen dank des hier herrschenden milden Klimas ausgezeichnet.

Ein Abstecher auf die über der Stadt thronende Ruine Burg Baden wird mit weit reichender Aussicht belohnt. Der Blick wandert über die Rheinebene, zum südlichen Schwarzwald oder in die Vogesen. Nur etwa 35 Kilometer von Freiburg im Breisgau und Basel in der Schweiz liegt Badenweiler im Markgräflerland, in den westlichen Ausläufern des Südschwarzwalds in Baden-Württemberg.

Leni ist mit ihren Eltern im Wald, gleich hinter dem Ort, unterwegs. Ihr Ziel ist

*Die Casseiopeia-Therme in Badenweiler*

Der Kurort Badenweiler im Markgräflerland

der ungefähr 1165 Meter hohe Hochblauen. Da entdeckt sie ein seltsames Schild am Wegrand. „Wo ist denn der alte Mann, der darauf steht?" Lachend erklärt ihr Vater: „Das ist der Name für einen verlassenen Stollen im Berg, in dem nicht mehr abgebaut wird." Badenweiler hat eine alte Bergbautradition. Gipsgrubenweg oder Bergmannsruhe erinnern noch an diese Zeit. Blei, Silber und Eisenerz wurden angeblich schon in keltischer Zeit abgebaut.

## Steile Hänge und Innehalten im Kloster

Neugierig ist sie, als Wanderer anhalten, um einen Moment zu verweilen. Der Ziegenkopf passt gerade noch durch die Zaunlatten. Steil sind die Wiesenhänge im landschaftlich idyllisch gelegenen Münstertal, beweidet von Kühen, Ziegen und Schafen. Auch in der Talsohle, geformt vom Fluss Neumagen, spötteln Einheimische über das Tal der tausend Ziegen

Auf dem Weg zum Belchen

Blick auf das Kloster St. Trudpert

oder der glücklich grasenden Kühe. Tatsächlich wird hier noch viel traditionsreiche Landwirtschaft betrieben. Originale Schwarzwälder Bauernhäuser, mit weit nach unten gezogenen Dächern, mussten zum Glück noch nicht pragmatischeren Gebäuden weichen. Wer den Weg auf die Höhe nicht scheut, wird mit einem Blick auf den 1414 Meter hohen Belchen belohnt, den schon der Mundart-Dichter Johann Peter Hebel im 18. Jahrhundert als den schönsten aller Gipfel des Schwarzwalds bezeichnete.

Abstand vom Alltag vermitteln nicht nur Höhen-Wanderwege, sondern auch das im Münstertal liegende Kloster St. Trudpert. Weitgehend zerstört im Dreißigjährigen Krieg wurde es ab 1727 vom bekannten Barock-Baumeister Peter Thumb wieder neu errichtet. Es war angeblich Ausgangspunkt der Christianisierung des Südschwarzwaldes. Heute ermöglicht es auch Gästen, bei einem Aufenthalt, Abstand vom Alltag zu nehmen.

## Sprechende Uhren und dunkle Wälder

Morgennebel wabern über die Wasserfläche, lösen sich mit zunehmender Wärme auf. Am Ufer des Titisees suchen Enten und Blässhühner nach Brotresten vom Vortag. Kleine Boote sind schon unterwegs. Selbstverständlich mit Elektromotor oder Körperkraft. Angelleinen schwirren durch die Luft, bevor sie samt Köder, der Schwerkraft folgend, ins Wasser versinken. Das im Durchschnitt 20 Meter

Der Titisee lädt zu einer Bootsfahrt ein.

tiefe Gewässer ist Heimat zahlreicher Fischarten.

Laut einer alten Sage befindet sich der Titisee an der Stelle einer in den Fluten versunkenen Stadt. Ihre Bewohner begingen Brotfrevel. Brotlaibe wurden ausgehöhlt und als Schuhe benutzt. Der See verschlang den sündigen Ort, samt seiner Schuhe. Wüste Drohungen gelangen immer wieder an die Oberfläche, behaupten Abergläubische. Das sollte jedoch niemand davor abschrecken, im Sommer ein erfrischendes Bad zu nehmen.

Der Titisee ist und bleibt ein Kleinod in dieser idyllischen Landschaft. Gäste aus aller Welt begeistert er. Heißt es: Europe in one week, ist garantiert ein Halt in Titisee-Neustadt eingeplant. Der „black forest" ist ein Markenzeichen für Deutschland. Am Ufer des Sees, das sonst nur wenig bebaut ist, finden sich auf engstem Raum Luxus-Geschäfte gepaart mit ursprünglicher Natur. Nicht zu vergessen, die wahrlich kunstvoll geschnitzten einmaligen Kuckucksuhren, bei denen der Vogel pünktlich nicht per Glockenschlag, sondern mit einem kräftigen „Kuckuck"

*Blick vom Hochfirst auf den Titisee*

**Monika Hamberger**

Monika hat gemeinsam mit ihrem Mann Rainer alle Erdteile besucht und darüber Reportagen, Reiseführer und Bildbände veröffentlicht. Zusammen bilden sie ein Team im Redaktionsbüro „Erleben durch Reisen". Monika arbeitet als Textautorin, Rainer ist Autor und Fotograf. Beide sind seit über zehn Jahren Autoren bei 360° medien.

die Stundenzahl verkündet. Genießer lassen sich zum Nachmittagskaffee eine kalorienreiche Schwarzwälder Torte servieren, natürlich mit Kirschwasser.

Doch nur wenige Minuten entlang der Seestraße übernimmt Natur wieder die Regie. Es geht zwischen schwarzen Tannen, bemoosten Felsstücken, kleinen Bächen hinauf zum Hochfirst. Vom dortigen Turm verliert sich der Blick in scheinbar endlosen Wäldern.

## Hoch über dem Rheintal an der Baumgrenze

Ein Bilderbuchtag. Alle sind unterwegs: mit der Kabinenbahn, mit dem Fahrrad, zu Fuß, mit Kinderwagen und sogar eine Reitergruppe hat sich auf den Weg zum Gipfel des 1493 Meter hohen Feldbergs gemacht, dem höchsten Berg Deutschlands außerhalb der Alpen. Im ältesten und größten Naturschutzgebiet Baden-Württembergs zeugen Büsche und niedrig gebliebene, verkrüppelte Bäume von harten Wetterbedingungen. Heftige Stürme mit Rekordgeschwindigkeit ziehen immer wieder über die Landschaft hinweg. Nichts trübt heute die Aussicht von hier oben, die an klaren Tagen bis zum Mont Blanc reicht.

„Ist das nicht ein herrlicher Tag?" Mit diesem freundlichen Gruß wendet sich eine ältere Dame, gerade ihre mitgebrachte Brotzeit auspackend, an vorbeikommende Wanderer. Das angesprochene Ehepaar bleibt erstaunt bei der Bank stehen, und schon bald entspannt sich ein anregendes Gespräch zwischen den Dreien, bis man sich gegenseitig alles Gute wünschend verabschiedet. Welch wohltuende Begegnung zwischen all den Hinauf- und Hinabeilenden.

*Mit dem Mountainbikeauf dem Weg zum Gipfel des Feldbergs*

Familien freuen sich über ein gut markiertes Wanderwegenetz



*Schwarzwald-tourismus.info*

Bei allen Hotels bekommt man die KONUS Gästekarte bei der Anmeldung. Damit können alle ÖPNV Busse und Bahnen (2. Klasse) im gesamten Schwarzwald kostenlos genutzt werden.

**REISEZEIT**

Der Schwarzwald ist das ganze Jahr über als Reiseziel attraktiv.

**WANDERN & AKTIVITÄTEN:**

- Wander- und Fahrradwege durchziehen die Landschaft und bieten Gelegenheiten für alle Anforderungen. Für Gäste des Schwarzwaldhotels Trescher ist die Greenfee für Golfer am 18-Loch-Golfplatz ganz in der Nähe kostenfrei.
- Im Winter liegt das Skigebiet Feldberg wenige Kilometer entfernt. Zahlreiche Loipen für Langläufer werden gepflegt.
- Mit der kostenlosen „Gastfreund APP" lassen sich Wandertouren planen und begleiten.

**UNTERKÜNFTE**

- Direkt am Ufer des ca. 850 m hoch gelegenen Titisees liegt das Treschers Schwarzwaldhotel an einem Sonnenhang. Hier hat man die Lockdown-Zeiten intensiv genutzt zu umfangreichen Erneuerungen. Das Hotel ist auch Ausgangspunkt für zahlreiche Wege entlang des Wassers, verfügt über eine großzügige Wellnesslandschaft mit einem ganzjährig beheizten Außenschwimmbecken, sowie Bademöglichkeit am eigenen Strand. Es stehen neun Mountainbikes gratis zum Verleih.
*treschers.de*
- Direkt an Kurpark und Therme gelegen, ist das Hotel zur Sonne in Badenweiler. Neben einem eigenen, differenzierten Wellnessangebot lockt die Cassiopeja Therme in unmittelbarer Nachbarschaft. Dadurch lohnt sich der Standort für einen Kuraufenthalt.
*zur-sonne.de*
- Darüber hinaus gib es zahlreiche andere Hotels verschiedener Größe.

# Abenteuerlicher Schwarzwald

**Adrenalinkick in luftiger Höhe und Dschungelfeeling im größten Canyon Deutschlands**

*Auf 450 Metern Länge spannt sich die neue Hängebrücke über dem Wasserfall*

**Zwei Erlebnisse, die bei keinem Schwarzwald-Urlaub fehlen dürfen: Der Gang auf der neuen Hängebrücke BlackForestLine über den Todtnauer Wasserfall und eine Wanderung durch die Wutachschlucht bei Bonndorf.**

Da oben ist sie! Wie ein filigranes Seil, über das Zirkusartisten balancieren, schaut sie aus, die BlackForestLine, die sich fast einen halben Kilometer weit über das Tal und den Todtnauer Wasserfall spannt. Beim Gedanken, dass ich in nur wenigen Minuten dort oben stehe, freischwebend, 120 Meter über dem Boden, bekomme ich eine Gänsehaut.

Das Besucherzentrum an der Hängebrücke

Angekommen am Parkplatz. Ab hier trennen mich nur noch wenige Schritte bis zum Abgrund. Und von wegen filigran. Beim Besucherzentrum wird mir die gewaltige Größe der Brücke bewusst. Wie weit sie sich über das Tal spannt! Brücke und Pylon lassen das Besucherzentrum winzig klein erscheinen.

Mit seinem futuristischen Aussehen wirkt der gigantische Pylon wie ein Tor zu einer anderen Welt. Als ich fast andächtig hindurchgehe, bekomme ich doch tatsächlich weiche Knie. Erst jetzt realisiere ich: Es ist nicht die Höhe, sondern vielmehr die Dimension dieses gewaltigen Bauprojekts, die mir gehörigen Respekt einflößt. Der Pylon ist der Anker, der die Anlage sprichwörtlich im Boden verankert. Stahl, Fels und Statik. 730 Tonnen. Bis ins kleinste Detail perfektioniert.

**»*Vermutlich eines der sichersten Bauwerke unserer Zeit.<br>Und trotzdem ist es da.<br>Dieses fluffige Gefühl in der Magengegend.<br>Schmetterlinge, die voller Vorfreude im Bauch tanzen?<br>Oder macht sich hier doch der Nervenkitzel bemerkbar?<br>Adrenalinkick oder Alptraum?*«**

Im abendlichen Sonnenlicht glitzern die Stahlseile wie eine Perlenkette. Leicht und luftig hängt der Brückensteg über dem Tal. 1000 Personen maximal soll die Brücke tragen. Kurz vor Schließung sind nur noch eine Handvoll Besucher auf der Hängebrücke. Darunter eine Familie mit Baby, Kind und Hund. Die scheinen keinerlei Höhenangst zu haben. Selbst der Hund tippelt lässig über den Steg. Hunde scheinen schwindelfrei zu sein. Was der Hund kann, kann ich auch. Also nichts wie los.

*Familienglück mit Blick auf den Wasserfall*

Die ersten Schritte, die ersten Blicke durch den Gitterrost. Der 55 Tonnen schwere Brückensteg wippt leicht auf und ab. Ich komme mir vor wie auf einem Schiff. Ein Mann kommt mir wankend entgegen. „Das war jetzt doch anspruchsvoller als gedacht“, sagt er und lacht erleichtert, als er das Ende der Brücke erreicht. Nach ein paar weiteren Schritten finde ich meinen Rhythmus. Im leichten Auf und Ab schreite ich beschwingt und mutig weiter. Und mit einem Mal ist es da! Dieses berauschende Gefühl, diese Leichtigkeit des Seins, ein bisschen schwerelos, ein bisschen losgelöst. Luft über mir, Luft unter mir. Dazu diese sagenhafte Aussicht. Wie ein Vogel, der seine Schwingen ausbreitet und weit über das Tal segelt. Was für ein Abenteuer, so zwischen Himmel und tosendem Wasserfall zu stehen. Was für ein Perspektivenwechsel, direkt von oben auf den Todtnauer Wasserfall zu blicken, der sich kraftvoll in die Tiefe ergießt.

Vom Quellgebiet am 1386 Meter hohen Stübenwasen fließt das Wasser des Stübenbachs Richtung Todtnauberg, wo er von weiteren Bergbächen gespeist wird. Das Wasser gewinnt stetig an Kraft und stürzt dann über gewaltige Granitfelsen und über fünf Fallstufen als Hanglochwasserfall, bekannter als Todtnauer Wasserfall, zwischen Todtnauberg und Aftersteg ins Tal.

*Freischwebend über dem Tal*

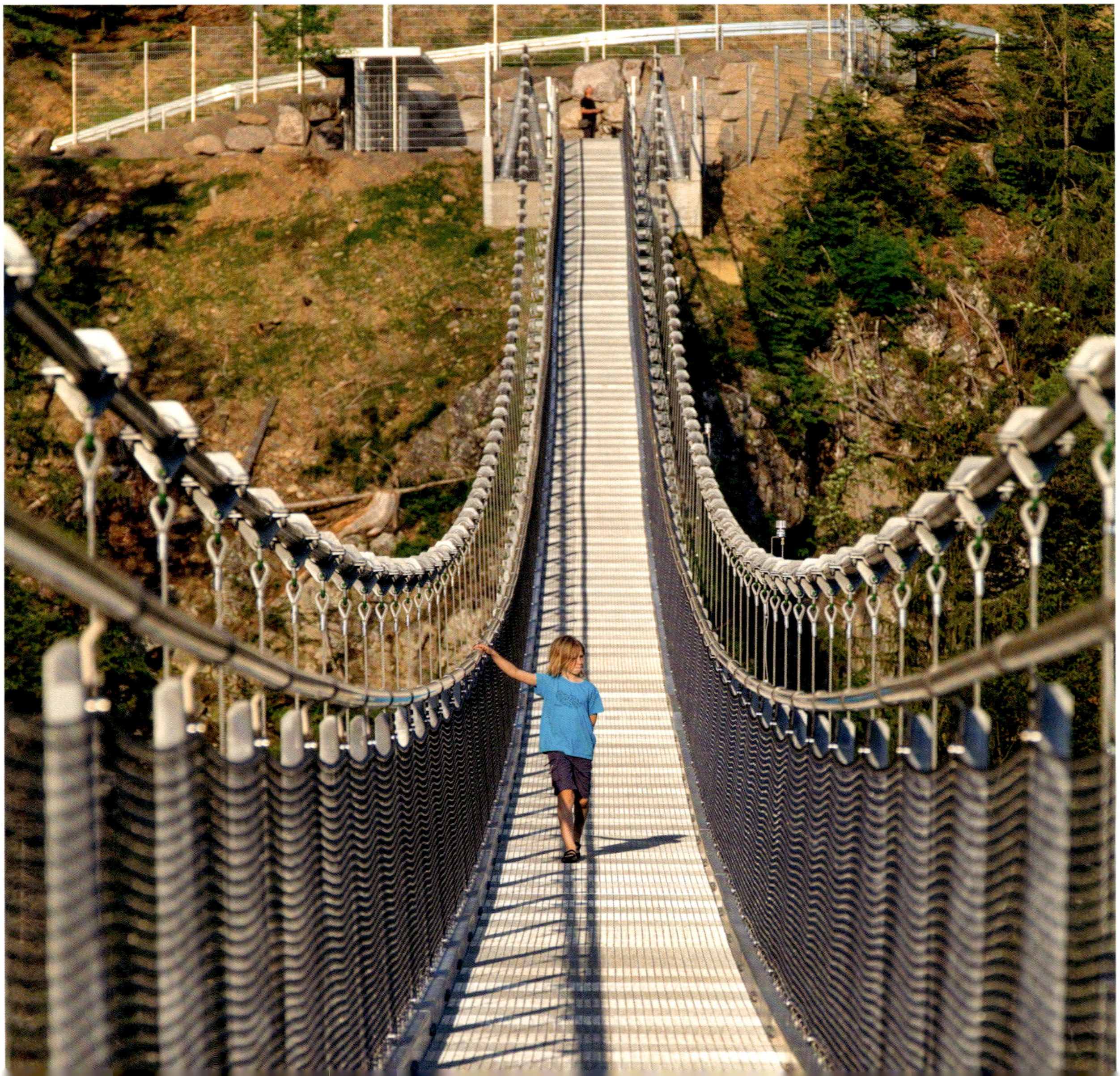

Das Wasser braust zunächst über einen nur wenige Meter hohen Felsen, so als würde es zunächst alle Kräfte sammeln. Dann folgt eine zwölf Meter hohe Kaskade, bevor er zur letzten Fallstufe rauscht. Sagenhafte 60 Meter stürzt sich das Wasser in mehreren Verzweigungen den Felsen hinab. Und direkt darüber, auf dem 1,20 Meter breiten Steg, da stehe ich und schaue mir das eindrucksvolle Naturschauspiel aus einer ganz neuen Perspektive an.

## Im größten Canyon Deutschlands

Mittags stehe ich am Wanderparkplatz Boll, wo Wutachranger Martin Schwenninger die Gruppe begrüßt. Gemeinsam wandern wir ein Stück durch die Wutachschlucht, mit 33 Kilometern Länge und einer Tiefe zwischen 70 und 180 Metern der größte Canyon Deutschlands. Der Ranger führt uns zunächst an den Dietfurt-Wasserfall. Dort tropft das Wasser wie ein feenhafter Schleier aus einem mit dichtem Moos bewachsenen Felsen. Von oben rieselt und perlt das kühle Nass so sanft auf die Haut wie die „Powder Rain"-Dusche eines weltbekannten Schwarzwälder Herstellers, dessen Designer sich vermutlich hiervon inspirieren ließen.

*Wutachranger Martin Schwenninger führt durch die Wutachschlucht*

Über Brücken und Stege wandern wir hinab zum Ufer der Wutach. Unten angekommen, befinden wir uns in keiner dunklen, engen Schlucht. Der Talgrund weitet sich zu einem breiten, V-förmigen Tal. Geologisch betrachtet ein Meisterwerk, das die Wutach im Laufe vieler Millionen Jahre aus den weichen Muschelkalkfelsen geformt hat. Und der Wutachranger


**Birgit-Cathrin Duval**

Birgit-Cathrin Duval arbeitet als freie Journalistin, Fotografin und Autorin. Für ihre Reisereportagen und Fotografien wurde sie bereits mehrfach international ausgezeichnet. Als Gästeführerin im Naturpark Südschwarzwald kennt sie sich in ihrer Heimat bestens aus. Die schönsten Berggipfel, mystische Orte, wilde Schluchten, urige Hütten und Gaststuben sowie kulturelle Highlights – die Schwarzwälderin hat jede Menge Tipps parat für eine wunderbare Erlebnisreise durch den Südschwarzwald.

Wie ein Schleier tropft das Wasser des Dietfurt-Wasserfalls

erzählt uns eine interessante Geschichte. Wo heute Pestwurz wuchert, stand einst der Kurort Bad Boll. Dreistöckiges Kurhaus, Badehaus und ein riesiger Park mit Wasserfallbeleuchtung, zwei aufgestauten Seen, auf denen Gondeln schipperten. Nachdem der Britische Fishing Club das Anwesen 1894 kaufte reiste die High Society aus aller Welt an. Doch der Boom war nur von kurzer Dauer.

Mit der Industrialisierung gelangten die Abwässer einer Papierfabrik in die

Kalktufffelsen sind wichtige und geschützte Biotope

Brücken und Stege führen immer wieder über die Wutach

Wutach. Die Fische starben, der Fluss stank zum Himmel, der Untergang von Bad Boll war besiegelt. Um weiteren Schaden abzuwenden, stellte die Behörde die Wutachschlucht 1939 unter Naturschutz. Heute erinnern einige exotische Bäume, die „Engländer Allee“, ein fußbreiter Pfad durch das Dschungelgrün und die Ruine einer Kapelle an den einstigen Kurort. Die Anziehungskraft der mystischen Schlucht ist nach wie vor ungebrochen, die durch Stürme, Erdrutsche und Hochwasser stetig in Bewegung ist.

**BLACKFORESTLINE**

*Blackforestline.de*

Eintritt: Tagesticket Brücke und Wasserfall 12 EUR Erwachsene, 9 EUR Kinder. Die Brücke ist barrierefrei zugänglich, auch für Kinderwagen, aber ausschließlich vom Brückenkopf Nord. Hunde sind auf der Brücke erlaubt, müssen jedoch angeleint werden.

Anfahrt: Ab Todtnau der Beschilderung bis zum Besucherzentrum folgen

**WUTACHSCHLUCHT**

Es gibt mehrere Einstiege die zur Wutachschlucht führen. Alle Infos, Tourenvorschläge und Termine zu geführten Wanderungen gibt es unter *wutachschlucht.de*

Blick von der Felsengalerie talaufwärts in die Wutachschlucht

Flussradeln im Nordschwarzwald:

# Nagoldtal-Radtour

*Fotogene Holzbrücke über die Nagold*

*Nagold ist ein zauberhaftes Städtchen ...*

**Flussabwärts ganz entspannt dem rauschenden Wasser folgen. Steigungen? Nicht der Rede wert. Die herrliche Landschaft im Nagoldtal durchaus. Eine super entspannte E-Biketour durch den Nordschwarzwald, die selbst ausgesprochene Radmuffel in Drahtesel-Enthusiasten verwandelt.**

Natürlich könnte man die knapp hundert Kilometer von der Nagoldquelle bis zur Mündung in die Enz locker in einem Ritt schaffen. Mit einem E-Bike sowieso. Doch das wäre schade, denn dann hätte man kaum einen Blick für die schöne Landschaft und die Sehenswürdigkeiten im Nagoldtal, die an der Strecke liegen und so manchen Stopp lohnen.

*... mit zahlreichen Brunnen.*

Deshalb starte ich nicht am Nagoldursprung in Besenfeld-Urnagold, sondern wähle eine besonders idyllische Etappe – von Nagold bis nach Bad Liebenzell. Mit knapp 40 Kilometern und einer geschätzten reinen Fahrzeit von etwa drei Stunden ist dieser Abschnitt nicht nur besonders schön, sondern auch für ungeübte Radler ein Vergnügen.

Was man bis dahin auf dem Nagoldtalradweg verpasst: einen Stausee, die Nagoldtalsperre, einer der größten Wasserspeicher in Baden-Württemberg und Altensteig mit seiner pittoresken Altstadt, die atemberaubend steil am Hang über dem Fluss klebt.

Nagold ist ein zauberhaftes Städtchen mit hübschen Fachwerkhäuschen und üppigem Blumenschmuck. Beim Rundgang durch die Stadt fallen die vielen Brunnen

Die Burgruine Hohennagold

auf. Wasser gibt es reichlich in Nagold, die Flößerei war einst ein bedeutender Wirtschaftszweig. Heute kann man am Fluss Nagold herrlich entspannen, zum Beispiel im Stadtpark Kleb mit Blick auf die Ruine Hohennagold, die hoch über der Stadt thront. So uneinnehmbar wie es scheint ist diese gar nicht, ein kurzer Fußmarsch von etwa 20 Minuten und schon liegt einem das Nagoldtal zu Füßen. Und rings umher jede Menge anderer „Gipfel", die der 7-Berge-Weg verbindet.

Gut gestärkt schwinge ich mich schließlich aufs Rad und folge der bestens ausgeschilderten Route zunächst durch den Stadtpark hinaus aus der Stadt. Nicht lange und der Radweg überquert die Nagold auf einer fotogenen Holzbrücke. Auf meiner Etappe wechselt dieser insgesamt fünf Mal die Uferseite. Mal folgt die Route rechts dem Fluss, mal links.

Nach knapp zehn Kilometern durch die malerische Schwarzwaldlandschaft kommt Wildberg in Sicht. Wer den Nagoldtalradweg in voller Länge fahren und das Ganze auf zwei Tage aufteilen will, findet kurz vor dem Ortseingang eine ganz besondere Übernachtungsmöglichkeit: das Schäferwagenhotel, zu dem auch ein Bienenwagen gehört.

Stadtpark Kleb in Nagold

Mühlrad in Wildberg

*Das ehemalige Kloster Reuthin*

**BUCHTIPP – Schwarzwald: Der Norden – 50 Mikroabenteuer zum Entdecken und Genießen**

Kennen Sie den Schwarzwald? Fragt man jemanden, was ihm zu einer der beliebtesten Urlaubsregionen in Deutschland einfällt, kommen oft die Klassiker als Antwort: Kuckucksuhr und Bollenhut, Feldberg und Titisee. Das ist auch alles richtig – und doch nur die halbe Wahrheit. Denn der nördliche Teil des Schwarzwalds ist für die meisten immer noch ein weißer Fleck auf der Landkarte.

Gut für alle, die Lust auf echte Wildnis haben: Wo der Schwarzwald tief und mystisch ist. Wo stille Bergseen und Gipfel mit Weitblick zum Auftanken einladen. Klingt gut? Antje Seeling nimmt Sie mit zu den schönsten Plätzen für einen Nordschwarzwald-Ausflug mit einzigartigen HeimatMomenten.

***Schwarzwald: Der Norden***
***Antje Seeling***
*360° medien, erscheint im Oktober 2023, ca. 256 Seiten*
*Preis: 16,95 EUR*
*ISBN: 978-3-96855-384-9*
*360grad-medienshop.de/hm-schwarzwald-dernorden*

Direkt am Nagoldtalradweg liegt die ehemalige Klosteranlage Maria Reuthin. Im Zentrum des ehemaligen Dominikanerinnenklosters befindet sich das Heimatmuseum. Sehenswert ist auch die steinerne Hirsch-Brücke, der Arrest- und der Hexenturm an der historischen Stadtmauer ganz in der Nähe.

Entlang der Nagoldschleife um die Stadt nehme ich Kurs auf Calw, meinem nächsten Ziel. Ein Sieben-Kilometer-Abstecher ins Teinachtal klingt verlockend, doch das wäre schon wieder ein Ausflugsziel für sich.

Der Nagoldtalradweg verläuft meist parallel zur Straße, die man über weite Teile der Strecke jedoch kaum sieht oder hört. Nur ein kurzes Stück muss man auf der B463 fahren. Schneller als gedacht rolle ich in die Innenstadt von Calw ein.

Calw ist eine der kleinen Städteperlen des Schwarzwaldes, bekannt für die gut erhaltenen historischen Fachwerkhäuser wie beispielsweise die Alte Lateinschule aus dem 16. Jahrhundert am Kirchplatz. Beim Bummel durch die schönen Altstadtgassen

Nahezu ohne Steigung am Wasser entlang

finde ich immer wieder schöne Fotomotive und am wunderschönen Marktplatz nette Cafés. Kaffee und Heidelbeerkuchen (oder doch lieber Schwarzwälder Kirschtorte?) schmecken wunderbar.

Die kleine Pause nutze ich anschließend, um die Geburtsstadt des Dichters Hermann Hesse zu erkunden. Ein Literaturspaziergang führt zu markanten Orten in der hübschen Schwarzwaldstadt. Die Kleinstadtidylle von Hesses geliebter Heimat findet sich in seinen Werken wieder und vieles im Stadtbild aus jenen Tagen blieb erhalten. Im historischen Stadtpalais ist das Hermann-Hesse-Museum untergebracht, ein Muss für Literaturfans.

Für Wanderer und Naturliebhaber ist Calw ein guter Ausgangspunkt, in der Umgebung gibt es zahlreiche Wanderwege und auch der Naturpark Schönbuch ist nicht weit. Die Mischung aus Stadt und Natur macht's. Der „schwarze Wald" reicht bis fast in die Stadt hinein: Am Stadtgarten startet bei-


**Antje Seeling**

Antje Seeling ist seit mehr als zehn Jahren in der Region Stuttgart zu Hause und arbeitet als freie Autorin für Verlage, Agenturen und Destinationen. Regelmäßig bereist sie die Welt, erkundet die schönsten Plätze und Routen vor Ort – und kehrt stets mit neuen Geschichten zurück. Sie liebt den Schwarzwald und die Schwäbische Alb. Hauptsache draußen in der Natur sein – bei jedem Wetter. Wenn sich das dann noch mit kulinarischen Genüssen verbinden lässt,umso besser: *delicioustravel.de*

Fachwerkimpressionen in Calw

Calw ist die Geburtsstadt von Hermann Hesse

spielsweise der Wasser-, Wald- und Wiesenpfad – mehr Abwechslung auf einer Tour geht kaum.

Auch an Klöstern mangelt es im Nordschwarzwald nicht, allein zwei liegen auf dieser Etappe des Nagoldtalradweges: Reuthin und Hirsau. Das Kloster Hirsau, beziehungsweise dessen Vorläufer St. Aurelius, war eine bedeutende Benediktinerabtei im Nordschwarzwald. Zum Zeitpunkt seiner Errichtung im späten 11. Jahrhundert war St. Peter und Paul das baulich größte Kloster im deutschsprachigen Raum.

Auch heute noch ist Hirsau ein wirklich reizvoller Ort. Vom oberen Klostertor aus läuft man geradewegs auf den Brunnen zu. Linkerhand ein kleines Haus mit tiefem Dach und einer weißen Bank davor, von Rosen umrahmt. Auf den Mauern der ehemaligen Kirche wachsen Wildblumen und Kräuter. Schmetterlinge sonnen sich auf

Die Klosterruine Hirsau

den Stufen zum ehemaligen Altar, Bienen und Hummeln sammeln rege den Nektar aus den Blüten der jahrhundertealten Linden.

Definitiv einer dieser Plätze, die etwas Magisches haben. Eine besondere Atmosphäre durchströmt mich, die Zeit scheint stillzustehen, wäre da nicht die Glocke, die viertelstündlich erklingt. Inmitten der alten Gemäuer kann man im Kloster Hirsau an sechs Stationen diesen besonderen Lebensraum spüren. Jede Station steht bildhaft für die Sinnfragen des Lebens. Heute verwandelt sich der Kreuzgang der Klosterruine jeden Sommer in eine stimmungsvolle Kulisse beim Calwer Klostersommer, dem beliebten Open-Air-Kulturfestival im Nordschwarzwald.

Bis nach Bad Liebenzell, meinem Ziel auf dem Nagoldtalradweg, ist es nun nicht mehr weit und der Kurpark samt Paracelsius-Therme ist schnell geradelt. Jetzt noch etwas im warmen Thermalwasser und/oder in der Sauna relaxen – was für ein gelungener Tag.

*Entspanntes Rafdeln auf dem Nagoldradweg*

**NAGOLDRADWEG**

*schwarzwald-tourismus.info/erleben/radfahren/tourenrad-und-e-bike/fernradwege/nagoldtal-radweg*

Gesamtstrecke: 95 Kilometer von Urnagold-Besenfeld bis Pforzheim

Aufstieg: 152 Höhenmeter

Abstieg: 672 Höhenmeter

Schwierigkeit: mittel.

Für die Rückfahrt mit der Bahn: Fahrplanauskünfte auf *efa-bw.de*

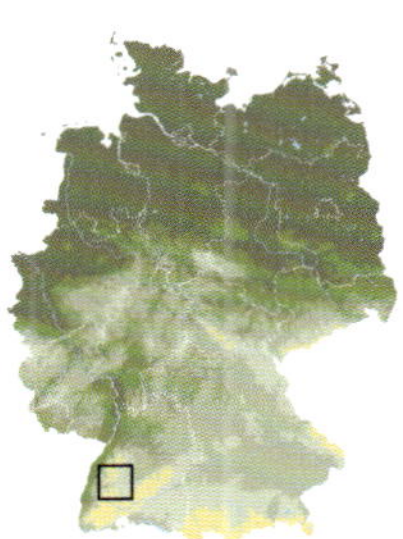

# Der Kaiserstuhl – hier will ich sein

*Traumhafte Ausblicke am Kaiserstuhl*

Kirschen im Kaiserstuhl

**Der Kaiserstuhl ein schöner Name, der im Gedächtnis bleiben sollte, denn hier ist die „Toskana Deutschlands". Warum wird man sich fragen? Na, wegen der vielen Sonnenstunden und der wundervollen Wärme. Ihringen am Kaiserstuhl ist mit seinen Tages- und Nachttemperaturen der wärmste Ort Deutschlands. Und ja, hier wächst und blüht fast alles, neben dem guten Wein Walnüsse, Pfirsiche, Kirschen, Äpfel und so vieles mehr, wie Khakis und Kiwis.**

Wie eine grüne Insel erhebt sich der Kaiserstuhl auf zehn Quadratkilometern aus der Rheinebene zwischen Schwarzwald und Vogesen. Während auf den Höhen von Schwarzwald und Vogesen meist noch Schnee liegt, verwandelt sich der Kaiserstuhl zwischen Ende März und fast

Ausblick über die herbstlichen Weinberge bei Altvogtsburg

*Das Gestühl bei Leiselheim*

Mitte April in ein einziges Blütenmeer. Darin alleine schon liegt ein unglaublicher Reiz. Aus vulkanischem Gestein geformt und vom milden Klima verwöhnt, ist diese vielfältige Natur- und Kulturlandschaft seit Jahrhunderten durch den Weinbau geprägt. Der Basalt- und Vulkangesteinsanteil sorgt für vielschichtige, vollmundige und komplexe Weine.

Neun Gemeinden mit ihren Teilorten, aufgeteilt in die beiden Landkreise Breisgau-Hochschwarzwald und Emmendingen, zählen zum Kaiserstuhl. In seiner weitesten Ausdehnung vom Michaelsberg bei Riegel im Nordosten bis zum Fohrenberg bei Ihringen im Südwesten ist der Kaiserstuhl rund fünfzehn Kilometer lang, seine größte Breite beträgt etwa 12,5 Kilometer. Seinen klangvollen Namen soll der Kaiserstuhl vom deutschen König Otto III. haben. Dieser war im Jahre 994 in Leiselheim – dem heute kleinsten Ortsteil der Gemeinde Sasbach am Kaiserstuhl mit nur etwa 400 Einwohnern. Bei seiner Durchreise soll er ein Fürstengericht abgehalten haben. Als Otto III. dann zwei Jahre später zum Kaiser ernannt wurde, wurde aus dem damals benannten Königstuhl kurzerhand der Kaiserstuhl. Ob das so stimmt, ist zwar nicht belegt, aber die Geschichte ist schön und einprägsam.

Damit man es auch bildlich sieht, steht ein sieben Meter hoher Holzstuhl an diesem einstigen Gerichtsplatz, dem „Gestühl“ und mutiert zu einem überaus beliebten Fotomotiv. Ach ja, Historiker meinen, dass die Bezeichnung „Kaiserstuhl“ erst 1304 belegt ist, aber ganz egal: hier ist die Wiege des Kaiserstuhls.

Was hat es noch mit dem Kaiserstuhl auf sich? Die Region ist vulkanischen Ursprungs und wird dadurch durch eine einmalige Fauna und Flora gekennzeichnet. Wer sich nun etwas orientieren möchte – denn wer kennt unbedingt das „Gestühl" – der sollte wissen, dass die Region im Dreiländereck in direkter Nähe zu Frankreich, aber auch der Schweiz liegt. Sasbach am Kaiserstuhl ist zum Beispiel mit einer Brücke hin zum Elsass, der östlichsten Region Frankreichs, verbunden. Hier steht sogar noch das ehemalige Zollhäusle.

Auch soll Rudolf von Habsburg auf der Limburg – heute nur noch eine Ruine hoch über dem Rhein – geboren worden sein, ein König aus dem Hause der Habsburger. Das genussvolle Lebensmotto unserer französischen Nachbarn, das Genießen der gemeinsamen Zeit mit Freunden und Familie, das gute Essen und das Gefühl von Zeit zum Leben, das macht diese Region so liebenswert. Auch die Vielfalt an Aktivitäten, die sich hier für jeden Besucher auftun, sind phantastisch. Ein großes Radwegenetz und perfekt ausgeschilderte Themen-Wanderpfade gehen einher mit einer Fülle an kulturellen Möglichkeiten.

In Riegel gibt es Kunstausstellungen in der Kunsthalle Messmer, die ihresgleichen suchen, Endingen glänzt mit spektakulären Veranstaltungen wie dem Alemannischen Brotmarkt oder der Lichternacht. Die Wein- und Winzerdörfer wie Bahlingen oder Eichstetten geizen nicht mit traditionellen Weinfesten und dann findet man außerdem noch viele Spuren der Römer, denen es einst am Kaiserstuhl gut gefallen haben mag. Davon zeugen viele Spuren, die man ebenfalls thema-

*Riegel am Kaiserstuhl in der Abendsonne*

Burkheim, ein Ortsteil von Vogtsburg

tisch erkunden kann. Rundum gibt es hier sehr viel zu erleben und entdecken.

Im Naturschutzgebiet Badberg findet sich ein Paradies an Orchideen, die meisten wild wachsenden Orchideenarten in Deutschland, aber auch Admiralfalter, Smaragdeidechsen und Gottesanbeterinnen sind anzutreffen. Wer sich am Kaiserstuhl orientieren will – das gelingt recht gut durch den Sendemast – der schaut nach dem 556 Meter hohen Totenkopf – der höchsten Erhebung des Kaiserstuhls.

Nicht am, sondern im Kaiserstuhl – sozusagen im Herzen dessen – liegt die Stadt Vogtsburg mit ihren sieben malerischen, traditionsreichen, dazugehörenden Winzerorten. Damit ist Vogtsburg die größte Weinbaugemeinde in Baden-Württemberg und wenn auch die wirtschaftliche Bedeutung des Weinbaus nachlässt, so haben doch die meisten Familien im Ort noch eine Verbindung zu den edlen Tropfen.

Und dann gehört noch Breisach, die touristische Hauptstadt des Kaiserstuhls,

**BUCHTIPP – Kaiserstuhl mit Freiburg, Breisgau und Tuniberg – 50 Mikroabenteuer zum Entdecken und Genießen**

Dieser Reiseführer stellt 50 spannende, unterhaltsame und genussvolle HeimatMomente vor, die dem Besucher diese Region näherbringen. Natürlich dürfen die berühmten und bekannten Hotspots wie das Breisacher Münster oder die Straußenwirtschaften nicht fehlen, aber auch versteckte Ideen bietet das Buch. Sich einfach auf die Region einlassen, in ihr aufgehen – für kurze Momente oder für eine längere Zeit. Dabei punkten Natur, Kultur und Genuss allemal. Man fühlt sich ganz einfach aufgehoben und bestens unterhalten. Viel Spaß beim Entdecken von Kaiserstuhl, Breisgau und Tuniberg.

***Kaiserstuhl mit Freiburg, Breisgau und Tuniberg***
***Heike Scheiding-Brode***
*360° medien, erscheint im Oktober 2023, ca. 256 Seiten*
*Preis: 16,95 EUR*
*ISBN: 978-3-96855-385-6*
*360grad-medienshop.de/hm-kaiserstuhl*

Blick auf die Europastadt Breisach





zum Ensemble und sollte keineswegs vernachlässigt werden. Hier war man bereits am 9. Juli 1950 überaus vorausschauend, denn da sprachen sich die Breisacher als Erste in Europa in einer Abstimmung mit 96 Prozent der Wählerstimmen für ein einiges und freies Europa aus. Deshalb trägt die Stadt den Ehrentitel „Europastadt".

Rund 15.000 Einwohner leben hier, ebenfalls direkt am Rhein und an der Grenze zum Elsass. Breisach kann man übrigens auch auf eigene Faust erkunden und auf Entdeckungstour zu Breisachs Geschichte gehen. Dazu gibt es Stadtpläne mit den Sehenswürdigkeiten in fünf verschiedenen Sprachen für die Besichtigung. Informationen rund um die interessanten Gebäude und Plätze gibt es dann an den Orten selbst. Im Rahmen eines EU-Förderprogramms wurden einheitliche Tafeln angebracht. Diese sind aus emailliertem Lavastein, durchgehend illustriert mit historischen Abbildungen und Fotos.

Nicht verpassen sollte man den kleinen Anstieg auf den Münsterberg. Hier steht

**Heike Scheiding-Brode**

Heike Scheiding-Brode, Journalistin, Autorin und Reiseleiterin, lebt und arbeitet seit über 20 Jahren am Kaiserstuhl und liebt diese Region. Immer wieder gibt es auch für sie selbst Neues zu entdecken, in dieser unmittelbaren Nähe zum Elsass. Mit offenen Augen die Schönheiten und Faszinationen der Regionen erleben und sich auf diese einlassen, das ist ihre Devise.

Der Europa-Stier in Breisach

nicht nur das Wahrzeichen der Stadt, das Breisacher St. Stephansmünster, sondern auch das schmucke Rathaus. Die 1977 geschaffene Wappenfront an der Südfassade des Rathauses gibt einen Überblick über die wechselnden Stadt- und Landesherrschaften seit dem Mittelalter. Und auf dem großzügigen Platz finden wir ein Europadenkmal von Helmut Lutz, „EUROPASTIER“. Griechischer schwarzer Marmor bricht in Stiergestalt aus dem Pflasterboden hervor, „Die Europa“ aus der griechischen Mythologie auf seinem Rücken greift nach den Sternen.

Ihr Dreieckskörper verweist auf die Region und deren Dreiländerverbindung als Ermunterung, in das neue Europa aufzubrechen. Wer hier oben ist kann einen wunderbaren Blick auf den Rhein mit der Rheinschifffahrt und den Schleusen, aber auch den Yachthafen von Breisach und das zum Greifen nahe Elsass mit den Vogesen werfen.

Und noch etwas macht den Kaiserstuhl so liebenswert: die Gastronomie. Liebe geht bekanntlich durch den Magen und hier findet man Sterneköche ebenso wie urige Straußen- oder Besenwirtschaften. Ob Spargelgerichte, Ochsenbäckle, Wurstsalat und Brägele (Bratkartoffeln), oder Flammkuchen: authentisch-badisch mit französischem Einfluss, frisch und regional ist hier die Devise. Ob Kurztrip, Tagesausflug oder länger – der Kaiserstuhl bietet jedwede Möglichkeit an Freizeitmöglichkeiten. Wandern, Radfahren, Wassersport, Natur und Kultur locken hier in einem bunten Facettenreichtum. Der Kaiserstuhl – hier will ich hin.

*Der Kaiserstuhl geht durch den Magen*

naturgarten-kaiserstuhl.de

Der Kaiserstuhl ist ein kleines Mittelgebirge vulkanischen Ursprungs in der Oberrheinischen Tiefebene. Es erhebt sich im Südwesten von Baden-Württemberg, in den Landkreisen Emmendingen und Breisgau-Hochschwarzwald. Die höchste Erhebung ist der Totenkopf mit 556 Metern.

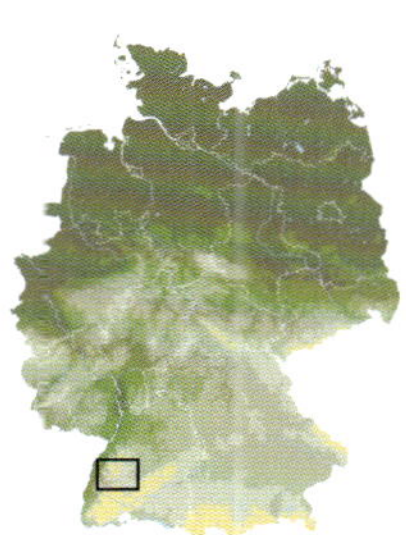

# Verzaubert vom Fränkischen Weinland

## Eine Reise zu idyllischen Städten und Weinbergen

*Blick auf die Mainschleife bei Volkach*

**Das pulsierende Herz Bayerns schlägt nicht nur in seinen Metropolen, sondern auch in seinen verborgenen Winkeln. Einer dieser Orte ist das Fränkische Weinland, eine idyllische Ecke Nordbayerns, in der die Zeit stehen geblieben zu sein scheint. Ein verträumtes Fleckchen Erde, wo schöne Orte zum Verweilen, Genießen und Entdecken einladen.**

## Volkach: Verträumtes Weindorf an der Mainschleife

Im Herzen des Fränkischen Weinlandes, dort wo der Main seine schönste Schleife zieht, liegt eingebettet in eine sanfte Hügellandschaft das malerische Städtchen Volkach. Mit seinem mittelalterlichen Stadtkern, geprägt von Fachwerkhäusern und kopfsteingepflasterten Gassen, versprüht Volkach einen Charme, der begeistert. Bekannt ist der malerische Ort für seinen Wein, der an den sonnenverwöhnten Hängen entlang des Mains wächst. Unbedingt probieren: Einen Silvaner oder Müller-Thurgau in einer der gemütlichen Heckenwirtschaften. Versteckt in den verwinkelten Gassen der Stadt sind diese traditionellen Weinstuben der ideale Ort, um in die Welt des fränkischen Weins einzutauchen. Hier kann man nicht nur mit Einheimischen ins Gespräch kommen, sondern auch einen tieferen Einblick in die reiche Weintradition der Region gewinnen.

Eine Schifffahrt auf dem Main bietet eine ganz andere Perspektive auf die landschaftliche Schönheit der Mainschleife. Von Volkach aus starten Ausflugsschiffe zu einer gemütlichen Rundfahrt. Vom Schiff aus lassen sich die wechselnden Landschaftsbilder in vollen Zügen genießen. Vorbei an Weinbergen, die sich an die Hänge schmiegen, und kleinen Dörfern, die sich harmonisch ins Grün einfügen, gleitet das Schiff sanft durch das Flusstal. Auch von oben lässt sich die Mainschleife wunderbar genießen. Kein Besuch in Volkach wäre komplett ohne einen Abstecher zur Vogelsburg. Die Burgruine thront hoch

*Der mittelalterliche Stadtkern von Volkach*

Von Volkach starten Ausflugsschiffe zu einer gemütlichen Rundfahrt.





über dem Main und bietet einen atemberaubenden Panoramablick auf die Mainschleife. Hier oben, umgeben von der Stille der Natur und dem leisen Zwitschern der Vögel, fühlt man sich dem Himmel ein Stück näher. Ein Ort zum Innehalten und Genießen, der die Seele berührt und wunderbare Eindrücke hinterlässt.

## Iphofen: Malerisches Kleinod Frankens

Iphofen, ein Juwel im Herzen Frankens, ist eine Oase für Kultur- und Weinliebhaber. Die Stadt ist reich an historischem Charme, der sich in den gut erhaltenen mittelalterlichen Gebäuden, der faszinierenden Stadtmauer und den nostalgischen Kopfsteinpflasterstraßen widerspiegelt. Eine der bedeutendsten Sehenswürdigkeiten Iphofens ist das imposante Rödelseer Tor, ein architektonisches Meisterwerk aus dem 16. Jahrhundert und lebendiges Zeugnis der Stadtgeschichte. Das Tor ist Teil der vollständig erhaltenen Stadtmauer, die mit ihren Wehrtürmen und Gräben einen eindrucksvollen Anblick bietet.

Im historischen Stadtkern von Iphofen finden sich zahlreiche Fachwerkhäuser aus verschiedenen Jahrhunderten, die alle ihre eigene Geschichte zu erzählen haben. Fassaden in Gelb, Rosa und Grün säumen malerisch die Straßen und Gassen. Hier und da reihen sich Fachwerkhäuser aneinander. Glasfassaden lockern das Bild auf, ohne als avantgardistisch das Altstadtbild

Das Rödelseer Tor in Iphofen

Farbenfrohe Fassaden im histroischen Stadtkern von Iphofen

zu stören. Moderne Bauten schmiegen sich an ihre jahrhundertealten Schwestern, ohne sich in den Vordergrund zu drängen. Besonders sehenswert ist das barocke Rathaus, ein imposanter Bau mit prächtiger Fassade zum Marktplatz hin.

Die Geschichtsscheune Iphofen, ein ehemaliger Pferdestall, beherbergt heute eine interaktive Ausstellung zur Geschichte der Stadt und der Region. Anhand von historischen Dokumenten, Fotografien und anderen Exponaten wird die Vergangenheit Iphofens lebendig. Eine weitere Sehenswürdigkeit der Stadt ist das Gebeinhaus, eine mittelalterliche Beinhalle in der Michaelskapelle. In seinen kühlen, stillen Räumen ruhen die Gebeine von Generationen Iphöfer Bürgern, ein eindrücklicher Hinweis auf die Vergänglichkeit des Lebens. Durch ein Fenster in der Tür des Beinhauses kann man einen ersten Blick erhaschen. Noch imposanter: Ein Spaziergang mit der 3-D-Brille durch diese eindrucksvolle Stätte der Vergangenheit. In der benachbarten Tourist-Information ist das möglich.

## Schweinfurt: Künstlerische Seele im Wirtschaftszentrum

Schweinfurt ist als Wirtschaftszentrum bekannt, doch hinter der lebendigen Geschäftswelt verbirgt sich ein reiches kulturelles Erbe, das entdeckt werden will. In der Altstadt atmet man noch die Atmosphäre der Geschichte. Straßen-

Im Georg Schäfer Museum in Schweinfurt

Georg Schäfer sammelte vorzugsweise Kunstwerke deutscher Maler aus dem 19. Jahrhundert.

cafés und Boutiquen laden zum Bummeln und Verweilen ein.

Das Georg Schäfer Museum ist außergewöhnlich. Hier wird Kunst zum Erlebnis. Deutsche Meister des 19. Jahrhunderts wie Friedrich, Spitzweg und Waldmüller entführen den Betrachter in vergangene Epochen. Der Geist des Industriellen und Kunstsammlers Georg Schäfer ist in jedem Winkel spürbar. Auch die Architektur des Hauses ist ein Kunstwerk für sich.

Vor den Toren Schweinfurts lockt die Stollburg auf dem höchsten Weinberg Frankens. Mitten in der Natur eine Stätte der Erholung mit Flair des Mittelalters, eng verbunden mit dem Minnegesang

Ein traumhaftes Panorama bietet sich von der Stollburg.

**Tanja Neumann**

Tanja Neumann ist eine passionierte Reiseautorin und Bloggerin, die seit vielen Jahren mit ihrem Genussreise-Magazin auf *vielweib.de* unterwegs ist. Zuhause am Niederrhein, zieht es sie immer wieder zu neuen Reisezielen, um die Landschaft, das Essen und die Menschen vor Ort zu entdecken. Für Tanja bedeutet Reisen sowohl Auszeit als auch Inspiration.

und ein Panorama, das das Herz eines jeden Weinliebhabers höher schlagen lässt.

## Veitshöchheim: Rokokozauber am Main

Kurz vor Würzburg ticken im Altort Veitshöchheim die Uhren noch anders. Hier kann man an einem lauen Sommerabend gemütlich am Mainufer einen guten Schoppen Wein trinken und wie die Könige durch den Rokoko- und Lustgarten flanieren. Veitshöchheim, ein charmantes Schmuckstück am Main, ist ein Paradies des Barocks, das einen Hauch von Versailles in das Herz Frankens bringt.

Das Schloss Veitshöchheim, einst die Sommerresidenz der Würzburger Fürstbischöfe, erstrahlt noch heute in voller Pracht. Der helle Sandstein des Gebäudes wirkt inmitten des üppigen Grüns des Rokokogartens beinahe unwirklich, und die filigranen Skulpturen und Wasserspiele verstärken den Eindruck eines verwunschenen Ortes. Das Innere des Schlosses beherbergt eine beeindruckende Sammlung von Papiertapeten, Möbeln und Kunstwerken aus dem 18. Jahrhundert. Jeder Raum erzählt seine eigene Geschichte, und die prächtigen Fresken und Stuckaturen sind ein anschauliches Zeugnis für die Kunstfertigkeit der Handwerker der damaligen Zeit. Doch es ist der Rokokogarten, der die Besucher nach Veitshöchheim lockt. Über 200 Skulpturen bereichern diesen kunstvoll angelegten Garten, der im Sommer ein Meer von Farben und Düften ist. Ein Spaziergang durch den Garten ist wie eine Reise durch die Welt der Mythologie mit allegorischen Darstellungen der Jahreszeiten, Elemente und Kontinente.

*Im Rokokogarten von Veitshöchheim*

*Blick auf das Schloss Veitshöchheim*

*Verspielte, fast lebendig wirkende Stauen zieren das Schloss und den Garten.*

*fraenkisches-weinland.de, volkach.de, iphofen.de, tourismus.schweinfurt.de tourismus-veitshoechheim.de*

**UNTERKÜNFTE**

**Moderne Weinbar & Hotel Fahraway** im Herzen der Volkacher Altstadt, *weinbar-fahraway.de*

**Landschloss Zeilitzheim:** Treffpunkt für romantische Seelen, die Wert auf Atmosphäre legen: *barockschloss.de*

**Bio-Wein-Hotel Bausewein** in Iphofen: kombiniert Gastfreundschaft mit Liebe zu Wein und Natur: *biobausewein.de*

**Hotel am Main** in Veitshöchheim: ruhige, idyllische Lage mit Kastaniengarten und einer umfangreichen Kunstsammlung: *hotel-am-main.de*

**ESSEN UND TRINKEN**

**99 Kulinarium,** Iphofen: Fränkische Küche und gemütliche Atmosphäre: *99er-kulinarium.de*

**Blumencafé Iphofen:** Floristik trifft Kaffeegenuss und auf ein tolles Frühstück – mit viel Liebe und Blumen arrangiert: *blumen-holzheimer.de/blumencafe*

**Weinprobe vom Weingut „Wein von 3"** im Schloss Zeilitzheim: drei Freunde mit Leidenschaft zu guten Weinen: *weinvon3.de/weinprobe*

**Sterneküche oder rustikal? In den Restaurants des Hotels „Zur Schwane"** hat man die Wahl zwischen dem rustikalen Restaurant „Schwane 1404" mit schönem Biergarten oder dem Sternerestaurant „Weinstock" im selben Haus mit der Sterneköchin Cornelia Fischer: *schwane.de*

**Kitzinger Picknickkorb:** Lokale Gastronomen in Kitzingen packen einen speziellen Picknickkorb, perfekt für einen Tag am Mainufer. Sie füllen den Korb mit hausgemachten und regionalen Produkten, darunter Wein, Antipasti, Wurst, Käse und einem süßen Abschluss: *stadt-kitzingen.de/tourismus/picknickkorb*

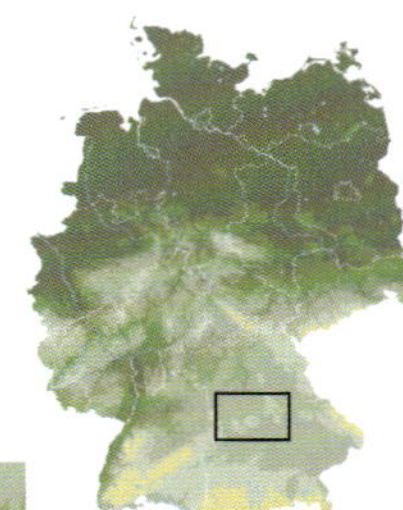

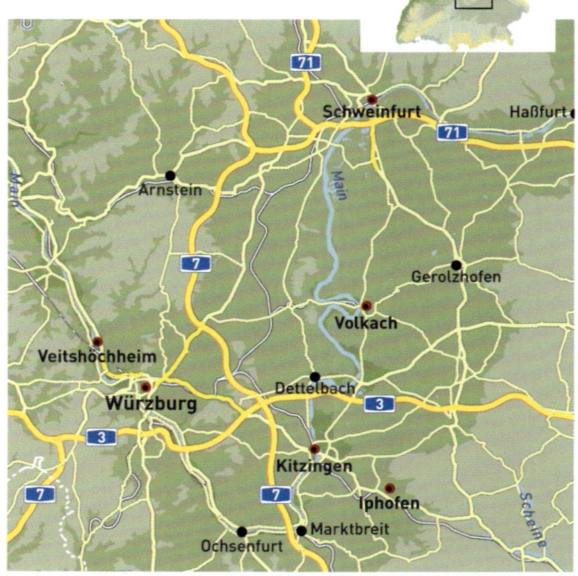

# Luzern

## Spaziergang mit dem Sensenmann auf der Spreuerbrücke

Autorin: Nicole Quint

*Historische Brückenschönheit*

**Was soll man bloß von einer Stadt halten, die zwar nicht gleich den Teufel an die Wand, wohl aber den Tod unter das Dach malt? Die erbauliche Antwort darauf finden Flaneure auf Luzerns Spreuerbrücke.**

Sie zählt zu den ältesten und schönsten Holzbrücken der Schweiz, steht jedoch ganz im Schatten der größeren, nur wenige hundert Meter entfernten Kapellbrücke – dem postkartenhübschen Wahrzeichen der Stadt. Die wuchtigen, sonnengegerbten Holzbalken der weniger bekannten Spreuerbrücke strahlen die Ehrwürdigkeit des Alters aus.

Schon vor über 600 Jahren verband sie das rechte Reussufer mit den in der Flussmitte gelegenen Mühlen und führte dann weiter zur linken Seite ins Bäckerviertel. Nur von dieser Brücke durften Getreideabfälle, die Spreu, in die Reuss geworfen werden, womit sich auch ihr Name, nicht aber ihr spezieller Reiz erklärt. Der geht vor allem von ihrem Aufbau aus – ein Dach wie ein Damoklesschwert, denn überall hängt da der Tod herab.

In den Giebelfeldern sind 45 dreieckige Bildtafeln eingelassen, die den Sensen-

*Blick auf Luzern von der Spreuerbrücke*



**BUCHTIPP – Luzern mit Vierwaldstätter See – 50 Mikroabenteuer zum Entdecken und Genießen**

Als Wegbegleiter führt dieses Buch Sie zu den echten Schätzen im Herzen der Schweiz, mal mitten hinein in den Trubel der Traumstadt Luzern mal hinaus in die Natur an Stellen, die einfach gut tun, die zum Durchatmen und Staunen einladen. Immer sind es Orte, die etwas zu erzählen haben, die uns berühren, zum Lachen bringen oder unseren Mut herausfordern. Orte, die zu Recht zu den touristischen Highlights zählen, und solche, die wenig bekannt sind, obwohl das Reiseglück oft genau dort lauert, wo man es gar nicht suchen wollte. Eines aber gilt immer – Luzern ist schöner als jedes Klischee erlaubt.

***ReiseMomente Luzern mit Vierwaldstätter See***
***Nicole Quint***
*360° medien, Juni 2023*
*256 Seiten*
*Preis: 16,95 EUR*
*ISBN:978-3-96855-332-0*
*360grad-medienshop.de/rm-luzern*

mann bei der Arbeit zeigen. Ob alt oder jung, arm oder reich, ungläubig oder religiös – niemand wird verschont. Weder Verdienst noch sozialer Stand zählen, niemand ist sicher vor dem Tod, der somit allen Grund hat, seine Überlegenheit zu feiern.

Da tanzen die Skelette, hüpfen im Kreis, schwingen Sense, Schaufel oder Sanduhr und spielen mit Trompete und Triangel zum allerletzten Tanz auf. So unmissverständlich geht es schon los mit dem barocken Bilderreigen, der vornehmlich das Werk des Schweizer Malers Kaspar Meglinger ist, obgleich auch viele seiner Kollegen mitgewirkt haben, um ihren Mitmenschen künstlerisch die Macht des Todes ins Gedächtnis zu rufen.

Den schwarzen Rahmen des ersten Bildes ziert folgende Inschrift:

*„Was flügt und krücht was träbt und schwäbt /*
*Was schwümmt und ründt, ja was je läbt/*
*Flücht alls den Tod, ist doch kein Ort /*
*Auff Erde, darin nicht sey der Tod."*

Auch unter den anderen Bildern sind weitere Klagesprüche, erklärende Verse sowie die Namen der Mäzene zu lesen, deren großzügiges Sponsoring dieses Denkmal ermöglichte. Den Menschen im Mittelalter mag ein Memento mori, die Erinnerung an die eigenen Sterblichkeit, noch schauerliche Schrecken eingejagt haben.

Der um 1637 vollendete Totentanz-Bilderzyklus auf der Spreuerbrücke ist inzwischen jedoch so in die Jahre gekommen, dass der Tod ziemlich gestrig und nicht mehr ganz frisch erscheint, so, als wäre er selbst vergänglich. Herrlich altmodisch wirkt er, mitunter sogar unbeabsichtigt komisch, wenn er einer Frau aus ihrem eigenen Bett entgegenhüpft oder sich neckisch hinter Hecken versteckt.

Angst machen solche Sensenmänner nicht, ihre schlichte Botschaft aber schlägt jede noch so pathetische Glückskeks-Philosophie: Irgendwann ist euer Leben, der Tanz mit dem Tod, vorbei. Schlagt uns ein Schnippchen, so lange ihr könnt. Aber gern! Nach einem Gang über die Spreuerbrücke lässt sich Luzerner Lebensleichtigkeit noch ein bisschen intensiver spüren.

*Die dreieckigen Bildtafeln in den Giebelfeldern*

*Totentanzszene*

**LAGE**
Spreuerbrücke, 6004 Luzern. Die Fußgängerbrücke verbindet das linke Reussufer von der Pfistergasse mit dem Mühlenplatz auf der anderen Seite.

**WEBSITE**
*kapellbruecke.com*

**HINWEIS**
Im Ritterschen Palast werden die berühmten Totentanz-Bilder von Jakob von Will gezeigt.

# Dolceacqua: Rotwein und Monet

Blick auf Dolceaqua

Das Dorf Dolceacqua schmiegt sich in eine grüne Tallandschaft und wirkt wie aus einem Bilderbuch geschnitten. Als ob eine Burg, Bogenbrücke und von pittoresken Stützbögen überspannte Gassen noch nicht genug des Guten wären, ist das Örtchen auch noch Heimat des wohl besten Rotweins von Ligurien – und inspirierte Claude Monet zu manchem Meisterwerk.

Es ist, als würde man in eine Märchenwelt eintreten, wenn der moderne Teil Dolceacquas hinter den Torbögen zur Altstadt zurückbleibt und sich stattdessen ein Labyrinth aus Gassen vor den Augen eröffnet. Die Gassen, „caruggi" genannt, sehen ein wenig anders aus als in den meisten ligurischen Dörfern, denn sie werden

Typische Gasse in Dolceacqua

Blick auf die Festung von Dolceacqua

**BUCHTIPP – ReiseMomente Ligurien – 50 Mikroabenteuer zum Entdecken und Genießen**

ReiseMomente Ligurien entführt zu 50 bekannten und weniger bekannten Attraktionen der abwechslungsreichen Region und richtet sich damit sowohl an Ligurien-Anfänger als auch Kenner der Region. Es geht von den schönsten Stränden über Bergregionen bis in mittelalterliche Dörfer an der Küste oder in den Hügeln des Hinterlandes. Jeder Tipp bildet dabei eine in sich geschlossene Einheit mit Ausflügen oder Aktivitäten, die sich gut für einen halben oder einen ganzen Tag eignen.

***ReiseMomente Ligurien***
***Bernadette Olderdissen***
*360° medien, 2. Auflage Juni 2023*
*256 Seiten*
*Preis: 16,95 EUR*
*ISBN 978-3-96855-202-6*
*360grad-medienshop.de/rm-ligurien*

von hübschen Stützbögen überzogen, die sich von Steinhaus zu Steinhaus spannen. Da Dolceacqua mit seinen heute gerade mal 2000 Einwohnern einst eine Festung war, sollte diese Architektur die Verteidigung gegen mögliche Feinde erleichtern, schützte aber gleichzeitig auch vor Sonne. Tatsächlich ist es in den Gassen selbst an heißen Sommertagen stets um einige Grad kühler, was den immer steiler werdenden Aufstieg zur Burgruine nicht ganz so schweißtreibend gestaltet.

Die Burg entstand im 12. Jahrhundert und war lange Zeit im Besitz der Doria-Familie, einer der herrschenden Adelsfamilien Italiens, was auch ihren heutigen Namen erklärt: Castello die Doria. Von der zu besichtigenden Burgruine bietet sich fraglos der beste Weitblick über das Dorf und das hügelige Umland der Seealpen-Täler Val Nervia und Val Verbone, bis zur fotogenen, 32 Meter langen Bogenbrücke aus dem Jahr 1400 über den Fluss Nervia.

Sollte es jemanden geben, der diese Brücke gar nicht so schön findet, der sollte nochmals genauer hinschauen – der berühmte französische Maler Claude Monet fand das geschwungene Bauwerk nämlich so inspirierend, dass er es 1884 malte und dem Werk den Titel „Juwel der Leichtigkeit“ verlieh. Besucher können sich nun an genau der Stelle platzieren, wo einst sein Schemel stand, denn der Fleck ist markiert durch Gedenktafeln an Monets in Dolceacqua entstandene Bilder.

Monets „Juwel der Leichtigkeit“, die Bogenbrücke über den Fluss Nervia

*Kunst ist allgegenwärtig in Dolceaqua*

Ob Monets Muse allein der malerische Anblick des Dorfes war oder ob auch der Rossese ein wenig nachhalf, ist allerdings unbekannt. Rossese ist das Stichwort, unter dem Dolceacqua über die Grenzen Liguriens hinaus bekannt ist, denn er gilt als bester ligurischer Rotwein. In einer Region, die sich generell höchstens für die Produktion von Weißwein eignet, ist der rubinrote Rossese, dem mancher Weinkenner sogar die Eigenschaften eines Burgunders nachsagt, eine echte Seltenheit.

Deswegen wurde er 1972 auch als erster ligurischer Wein mit „DOC" ausgezeichnet – „denominazione di origine controllata" – kontrollierter Ursprungsbezeichnung. Die Winzer vor Ort, bei denen man teils Wein verkosten kann, sprechen von einer einmaligen Verbindung von mediterranem Überschwang und festländischer Eleganz, von einem idealen Dialog zwischen zwei gegensätzlichen Welten und Finesse ohne Ende. Egal, welches leckere Gericht einen während des Dorfbesuchs auch in einem der zahlreichen Restaurants verführt, ein Rossese gehört einfach dazu – und passt auch zu fast allem, sei es Fisch, weißes Fleisch wie Huhn, Lamm oder Kaninchen, aber auch zu in Ligurien typischen Gemüsegerichten.

Wer nun vermutet, der Name Dolceacqua, „süßes Wasser", habe irgendetwas mit dem Rossese zu tun, der irrt sich, denn der Wein ist alles andere als süß. Vielmehr entstammt der Name wohl einer einstigen römischen Burg, die im Besitz eines Mannes namens Dulcius war.

**Bernadette Olderdissen**

Bernadette Olderdissen, gebürtige Rheinländerin, ist eine Geschichtensammlerin mit Leidenschaft fürs Schreiben, Reisen und die Natur. 2017 erfüllte sie sich ihren großen Traum und machte sich als Reisejournalistin und Autorin selbstständig. Ihre Reportagen über teils abenteuerliche Reisen nah und fern, mit Fokus auf Naturerlebnisse und Menschen, erscheinen bei verschiedenen Medien. Außerdem verfasst sie Bücher rund ums Reisen, um Naturerlebnisse und Krimis, darunter eine Globetrotter-Krimi-Serie.

**LAGE**

Gut zehn Kilometer von Ventimiglia entfernt, im Hinterland zwischen den Seealpen-Tälern Val Nervia und Val Verbone

**ANREISE**

Ab Ventimiglia fährt Bus 7 etwa alle zwei Stunden nach Dolceacqua, Dauer ca. 20 Minuten. Sollte man auch die Umgebung weiter erkunden wollen, lohnt sich die Anreise mit einem Mietwagen.

**AKTIVITÄTEN**

Erkundung des Dorfes, Besuch der Burg, Spaziergang auf den Spuren Monets, Verkostung des Rossese

**AGRITOURISMUS**

Tel. +39 018431426, *it.terrebianche.com* (unbedingt vorher anmelden!)

# Niederschlesien: Von der Loipe ins Schloss

Schloss Lomnitz

*Im Gasthaus Orle wird der Skiläufer mit leckeren Speisen und Erfrischungen verwöhnt.*

**Während viele Wintersportgebiete zunehmend mit Schneemangel zu kämpfen haben, freuen sich Skiläufer im 880 Meter hohen Jakuszyce zwischen dem Riesen- und dem Isergebirge über eine perfekte Winterlandschaft mit 80 Kilometern gespurter Loipen.**

Im windgeschützten Wald schlängelt sich die frisch gespurte Loipe an einem Bach entlang, der sich zuweilen sprudelnd in Kaskaden über Granitgestein ergießt oder in kleinen Teichen eine Ruhepause gönnt. Die Äste der höheren Bäume beugen sich unter der Last des frischen Schnees und kleine Fichten zieren ihre Kronen mit weißen Zipfelmützen. Hin und wieder tauchen Skilangläufer in der Winterlandschaft auf. Ihre Atemwege fühlen sich

*Von der polnischen Iser-Magistrale sind es nur sechs Kilometer bis zum tschechischen Harrachov.*

dank der ätherischen Öle in der Waldluft so wohl wie lang nicht und ihre Körper freuen sich, endlich einmal wieder fast alle Muskeln spielen zu lassen.

Die Iser-Magistrale, die sich bis weit in die benachbarte Tschechische Republik erstreckt, wartet mit idealen Bedingungen auf. Das leichte Höhenprofil, gemütliche Restaurants und Imbissmöglichkeiten unterwegs machen sie auch für Familien bestens geeignet. Für zahlreiche bequeme Unterkünfte ist gesorgt, seit im September 2022 mit dem Polana Jakuszyce ein drittes großes Sporthotel seine Pforten öffnete, vor dem man direkt seine Skier anschnallen kann.

Auch denjenigen, die sich ohne Skiern an den Füßen an der märchenhaften Winterlandschaft erfreuen oder einfach mal einen Ruhetag einlegen wollen, bietet die nahe Umgebung reichliches Entdeckungspotenzial. Die Angebotspalette reicht von der Wanderung zum 27 Meter hohen und mit riesigen Eiszapfen verzierten Wasserfall des Kamiennica-Baches über den Besuch bei Glasbläsern in Szklarska Poreba (Schreiberhau) oder Piechowice (Petersdorf) bis zu einer Stadtführung durch Jelenia Gora (Hirschberg).

Um in die Geschichte der Region eintauchen zu können, empfiehlt sich vor der Stadtführung ein Besuch des örtlichen Riesengebirgsmuseums. Gegründet im Jahr 1914 vom deutschen Riesengebirgsverein, zeichnet es mit tausenden Exponaten die wechselvolle Entwicklung des Landstrichs zwischen Iser- und Riesengebirge nach. Zeitfenster öffnen Blicke in die lange Geschichte der Glasherstellung von nomadisierenden Handwerkern bis zur modernen Produktion von Edelgläsern. Webstühle und Tuche erinnern an die Periode vom 17. bis 19. Jahrhundert, als die Orte in Flachsfeldern eingebettet waren, die Herstellung von Leinentüchern erst zu Wohlstand und dann mit Einsetzen der industriellen Revolution zu Hunger und Armut der Leinenweber führte. Ein eigener Raum ist den Lebkuchenbäckern gewidmet, die Handelsreisende mit haltbarem Proviant versorgten.

Der vereiste Wasserfall des Kamiennica-Baches ist im Winter besonders sehenswert.

Betritt man nach einem leckeren zweiten Frühstück im „Caffe Szept" noch das Rathaus der Stadt, trifft man auf eine weitere Tradition: das Kunsthandwerk der Holzschnitzer. Gästeführer Andrzej Marchowski verwahrt die Schlüssel zu den historischen Räumen des Rathauses und man muss sich vorab bei ihm für eine Führung

Im Riesengebirgsmuseum wird die Geschichte der Leinenweber nachgezeichnet

*Renata Barcis sorgt im „Caffe Szept" für ein leckeres Frühstück.*

anmelden. Seine Erklärungen zu den vielen Holzreliefs in den Räumen öffnen ein ganzes Bilderbuch der Geschichte des Hirschberger Tals. Kunstvoll geschnitzt sind Szenen aus dem Leben der Glasmacher und Weber sowie der Arbeiter in den Zinn- und Kupfergruben verewigt. Aber auch die leidvollen Zeiten des Dreißigjährigen Krieges mit der Vernichtung und Entvölkerung ganzer Landstriche sind in Holz festgehalten.

Auf die strategische Lage im Dreiländereck zwischen Böhmen, Sachsen und ehemals Schlesien/Preußen ist der Bau zahlreicher Burgen in Niederschlesien zurückzuführen. Immer wieder kam es hier zu Kriegen und Grenzverschiebungen. Bereits im 13. Jahrhundert entstand beispielsweise die Burg Czocha. Von außen an einer Schleife des Flusses Queis wie eine Märchenburg anzusehen, birgt sie im Inneren einige Überraschungen.

Hinter ausklappbaren Bücherregalen begibt man sich durch enge Geheimgänge in die mit Ritterrüstungen und allerlei Waffen aus dem Mittelalter bestückten Kellerräume, aus denen die Verteidiger zügig ihre Ausrüstung holen oder ihre Flucht antreten konnten. Historische Funkanlagen veranschaulichen die Nutzung einiger Räume bis in den Zweiten Weltkrieg hinein.

*In der Burg Czocha soll es zuweilen spuken.*

Über Geheimgänge gelangt man in die Waffenkammer der Burg.

**Michael Juhran**

Michael Juhran ist als Reisejournalist und Mitautor von Büchern tätig. Er lebt in Königs Wusterhausen bei Berlin.

Besonders beeindruckend ist der große Rittersaal mit seinen hölzernen Emporen. In dem riesigen, aber etwas düsteren Raum soll es des Nachts spuken, wenn die Klagerufe eines unehelichen Kindes ertönen, das ein ehemaliger Burgbesitzer nach der Bestrafung seiner untreuen Frau im Kamin einmauern ließ. So wundert es nicht, wenn man gerade hier auf die Jünger Harry Potters trifft, die den Raum für skurrile Zeremonien nutzen. Möchte man die Legende auf ihren Wahrheitsgehalt prüfen, lässt sich in der Burg nach einem köstlichen Abendessen ein Zimmer oder Gemach für die Nacht mieten.

Besonders prächtig ist der Rittersaal mit seinen Holzemporen.

Wer es weniger schaurig mag, ist im Schloss Lomnitz richtig, in dem es sich ebenfalls sehr angenehm nächtigen und vorzüglich speisen lässt. Für einen Besuch des Herrenhauses samt Museum sollte man etwas mehr Zeit einplanen, denn die charmante Schlossherrin Elisabeth von Küster weiß außerordentlich Interessantes über dessen Geschichte zu berichten. Sie geht auf das frühe 19. Jahrhundert zurück, als König Friedrich Wilhelm III. in der Nähe eine Sommerresidenz kaufte und die Schönen und Reichen aus Berlin und Umgebung seinem Beispiel folgten.

Die bereits von Caspar David Friedrich in Bildern und von Theodor Fontane in Novellen, Reisetagebüchern und Briefen gepriesene, romantische Natur der Berglandschaften zog schnell das Interesse der wohlhabenden preußischen Gesellschaft auf sich. Mit der Gründung des Riesengebirgsvereins stieg auch das Interesse an der Region, so dass sich der Fremdenverkehr zu einem wichtigen wirtschaftlichen Standbein entwickelte. Noch heute

Elisabeth von Küster weiß außerordentlich Interessantes über die Geschichte der Region zu berichten.

erinnern der Schlesische und der Görlitzer Bahnhof in Berlin an diese Zeit der touristischen Erschließung. Nachdem die Region in der zweiten Hälfte des 19. Jahrhunderts als Sommerfrische diente, erfreute sich zu Beginn des 20. Jahrhunderts auch der Wintersport zunehmender Beliebtheit.

Zurück in Jakuszyce, sind in der Skiarena vor dem Polana-Hotel bereits wieder die Schneeraupen im Einsatz. In den ersten Wojewodschaften Polens haben die Winterferien begonnen und es sind nur noch einige Wochen bis zum sportlichen Highlight der Skiläufer, dem nach einem polnischen Adelsgeschlecht benannten, alljährlich stattfindenden Piastenlauf. Leszek Kosiorowski vom Vorbereitungskomitee gibt sich optimistisch: „Der Schnee kam in diesem Jahr zwar etwas später, aber wir rechnen für die beiden Wochenenden Ende Februar und Anfang März, an denen unsere Skilangläufe mit Längen von fünf bis 50 Kilometern stattfinden, mit optimalen Verhältnissen. 5200 Teilnehmer haben sich bereits angemeldet, davon 140 aus Deutschland. Es wäre toll, wenn noch mehr deutsche Skifreunde kämen."

*Ende Februar und Anfang März treffen sich Tausende Skiläufer zum Piastenlauf in Jakuszyce.*

*dolnyslask.travel*

**ALLGEMEINE INFORMATIONEN**

Polnisches Fremdenverkehrsamt,
Hohenzollerndamm 151, 14199 Berlin,
Tel.: 030 21 00 92 11,
E-Mail: *kg@polen-info.de*, *www.polen.travel*

**ANREISE**

Mit dem Pkw über Görlitz (von dort nur noch 80 Kilometer), oder mit der Bahn über Dresden

**UNTERKÜNFTE**

- In Jakuszyce: Hotel Polana, ab ca. 100 EUR, *polanajakuszycka.pl*
- In Tzschocha: Zamek Czocha, ab ca. 60 EUR, *zamekczocha.com/de*
- In Lomnitz: Hotel Schloss Lomnitz, ab ca. 100 EUR, *palac-lomnica.pl/de*

**AKTIVITÄTEN**

- Skilanglauf: *skigebiete-test.de/langlauf/szklarska-poreba.html*
- Piastenlauf: *bieg-piastow.pl/47-bieg-piastow-terminy-342/n*
- Stadtbesichtigung Jelenia Gora: *jeleniagora.pl*, *muzeumkarkonoskie.pl*, Andrzej Marchowski, pl. Ratuszowy 58 E-mail: *promocja@jeleniagora.pl*

## Weitere Bücher, Magazine, DVDs, Kalender und mehr finden Sie online.

### 360° UM DIE WELT
Alle Länder von Sonnenaufgang bis Sonnenuntergang

Start und Ziel dieses Buches ist die Datumsgrenze. Dazwischen liegen 360 Längengrade, 206 anerkannte und weniger anerkannte Staaten, Milliarden Menschen und unendlich viele Geschichten.

360° medien, 436 Seiten, Preis 19,95 €
ISBN 978-3-948097-81-3

### WELTREISE DURCH DEUTSCHLAND

Mit diesem Buch kann man wohl die günstigste Weltreise seines Lebens machen! Es zeigt 50 Orte, an denen Sie die Welt mitten in Deutschland erleben können.

360° medien, 224 Seiten, Preis 19,95 €
ISBN 978-3-96855-275-0

### OKZITANIEN
50 TIPPS ABSEITS DER AUSGETRETENEN PFADE

L'Occitanie ist Frankreich – und doch ganz anders. Dieser Band zeigt 50 erlebenswerte Highlights: besondere Menschen, einzigartige Museen, Wander- und Radeltipps, Naturperlen und Kunststätten, die überraschen. Bienvenue im Paradies für Entdecker!

360° medien, 256 Seiten, Preis 14,95 €
ISBN 978-3-96855-278-1

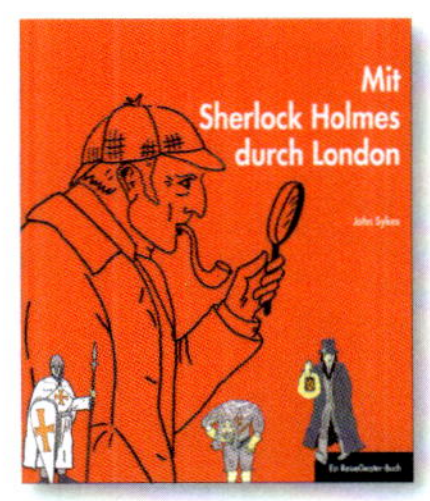


### MIT SHERLOCK HOLMES DURCH LONDON

Entdecken Sie London gemeinsam mit Sherlock Holmes, lassen Sie sich verführen von seiner Geschichte und vom Reiz der englischen Hauptstadt!

360° medien - traveldiary, 128 Seiten, Preis 9,95 €
ISBN 978-3-941796-24-9

### IM ERSTEN GANG GEHT´S IMMER RAUF

Mit dem R4 durch Frankreich - Die Autoren fahren mit dem Renault 4 auf den Routes départementales Tausende Kilometer durch Frankreich, immer der Nase nach, klassisch mit Michelin-Atlas an Bord und der Gewissheit, morgens nicht zu wissen, wo sie abends landen und schlafen werden.

360° medien - traveldiary, 256 Seiten, Preis 16,95 €
ISBN 978-3-947944-10-1

### BERLIN - HEIMATMOMENTE

Joscha Remus stellt 50 verborgene und besondere Ort in Berlin vor, von denen die meisten sogar völlig kostenlos oder sehr günstig entdeckt, erlebt und bestaunt werden können.

360° medien, 256 Seiten, Preis 14,95 €
ISBN 978-3-96855-073-2

**360° medien** | Nachtigallenweg 1 | 40822 Mettmann | Tel.: +49 2104 5063 100 | Fax: +49 2104 5063 156
Web: www.360gradmedien.de | E-Mail: info@360-gradmedien.de

Wo Wasserfälle
auf Vulkane treffen
Eine atemberaubende Reise zu den Naturwundern Islands

*Dettifoss ist einer der größten Wasserfälle Europas*



**Eine Insel, die auf Vulkanen mitten im Atlantischen Ozean entstanden ist: Island. Für viele Europäer ist das Land, das sich zwischen Europa und Amerika befindet, der Inbegriff des Abenteuers. In acht bis zehn Tagen lässt sich die Insel auf der Ringstraße umrunden. Vorbei an imposanten Wasserfällen, dunklen Lavastränden, steilen Felswänden, Vulkanen und Landschaften, die auch auf dem Mond liegen könnten.**

Das Land ist anders. Strandurlaub oder All-Inclusive-Hotels sucht man hier vergeblich, die nächste Tankstelle oder der nächste Supermarkt können schon mal 50 Kilometer entfernt sein. Eine Autobahn oder Schnellstraße gibt es nicht. Die berühmte Ringstraße ist oft nicht breiter als eine klassische Landstraße in Deutschland und das auf einer Länge von rund 1400 Kilometern. Die Höchstgeschwindigkeit beträgt 90 km/h. Unterwegs sind Sturm und Regen auch im Sommer keine Seltenheit. Doch gerade das macht eine Reise nach Island zu einem kleinen Abenteuer. Mit dem Wohnmobil oder Mietwagen kann man die Insel im eigenen Tempo erkunden und viel entdecken!

Unterwegs auf der Ringstraße

## Ein Muss für jede Islandreise: der Golden Circle

Vom Flughafen in Keflavik ist der Goldene Ring (Gullni hringurinn) nur eine Autostunde entfernt.

Hier kann man auf kurzer Strecke einige der Naturwunder Islands bestaunen. Die Rundreise beginnt mit einem Besuch in Thingvellir. Schon zur Zeit der Besiedlung Islands um das Jahr 930 tagte hier ein Parlament, das bis ins 18. Jahrhundert hinein Bestand hatte. Auch geologisch ist das Tal sehr interessant, hier werden die tektonischen Platten zwischen dem amerikanischen und dem eurasischen Kontinent sichtbar. Durch die Almannagjá-Schlucht kann man wandern und einen besonders schönen Wasserfall entdecken: Öxaráfoss.

Weiter geht es ins Haukaladurtal, wo einer der bekanntesten Geysire zu bewundern ist. Der Strokkur-Geysir bricht regelmäßig aus und versetzt die zahlreichen Besucher in Staunen. Aber auch das Geothermalgebiet rund um den Geysir ist sehenswert.

Auch ein Wasserfall steht auf der Liste der Must-Sees des Golden Circle. Der Gulfoss ist einer der größten Wasserfälle Islands und kann von zwei Ebenen aus bewundert werden. Besonders schön ist es in den Nachmittagsstunden bei Sonnenschein, wenn sich über den fallenden Wassermassen ein Regenbogen bildet. Auf dem Rückweg zur Ringstraße empfiehlt sich ein Abstecher zum Vulkankrater Kerið, in dem sich ein kleiner malerischer See befindet.

## Wasserfälle in Island

„Unseren täglichen Wasserfall gib uns heute“ hätte unser Motto für die Rundreise um die Insel sein können. Über

Wasserfall bei Thingvellir

*Der Godafoss*

100 Wasserfälle sind bekannt und führen stetig Wasser, viele kleinere Wasserfälle kommen vor allem nach Regenschauern und in den Sommermonaten dazu. Rund 15 davon befinden sich in unmittelbarer Nähe der Ringstraße und sind dank zahlreicher Parkplätze gut erreichbar. Auf dem Weg vom Golden Circle in Richtung Osten sind zwei sehr bekannte Wasserfälle zu bestaunen. Seljalandsfoss ist beliebt, da Besucher hier hinter dem Wasserfall laufen können. Besonders schön ist es hier in den Abendstunden, wenn die Sonne auf das Wasser scheint. Das wohl bekannteste Fotomotiv ist der Skogafoss, da er gewaltig hinunter ins Tal fällt. Wer hier etwas Zeit hat, sollte vor Ort die Treppen hinaufgehen und dort auf dem Wanderweg weitere Wasserfälle bestaunen. Ebenfalls sehenswert ist auch der Kvernufoss, der in Kombination mit dem Skogar-Museum besucht werden kann. Ein Tipp: Die Wasserfälle am besten in den Abendstunden besuchen!

Nicht nur im Süden von Island gibt es beeindruckende Wasserfälle. Im Norden warten Godafoss und Dettifoss mit beeindruckenden Wassermassen, Regenbögen und magischen Landschaften auf Besucher.

## Das ewige Eis – die Gletscher von Island

Wasser gibt es in Island nicht nur in flüssiger Form zu bestaunen. Insgesamt 13 Gletscher existieren auf der Insel im Atlantik. Sie lassen sich nicht nur bei traumhaften Wanderungen (wie zum Beispiel am Svinafellsjökull) oder Bootstouren bestau-

*Wanderung zum Svinafellsjökull*

Der künstliche Eistunnel „Into the Glacier" bei Husafell

nen, die meisten isländischen Gletscher können auch im Rahmen von Gletschertouren bestiegen werden. Dies sollte jedoch nur im Rahmen einer geführten Tour erfolgen.

In den Wintermonaten gibt es zudem auch Führungen in natürlichen Eishöhlen. Im Sommer ist das Erlebnis „im Eis" etwas schwieriger, aber durchaus möglich. In der Nähe von Husafell befindet sich im Langjökull-Gletscher eine von Menschen geschaffene Eishöhle, die auch in den Sommermonaten besucht werden kann. Einen künstlichen Eistunnel gibt es auch in einem der interessantesten Museen des Landes: Dem Perlan in Reykjavik.

## Unbedingt einplanen: Whale Watching

In den Sommermonaten ist Island für zahlreiche Zugvögel und Meeressäuger ein idealer Ort, um Junge aufzuziehen. Nicht nur Puffins sind häufiger zu entdecken, auch einige Wildenten und eine Vielzahl von Möwenarten brüten hier. Auch in den Meeresbuchten rund um die Insel ist einiges los - zahlreiche Walarten stärken sich am Fischreichtum der Polarregion. Vor allem Zwergwale, aber auch Orcas, Pottwale und Buckelwale sind zu entdecken. Direkt an der Ringstraße gelegen bietet sich Akureyri für eine Whale Watching Tour an. Die Tour führt durch den Eyjafjördur Fjord und ermöglicht in drei Stunden nicht nur zahlreiche Tierbeobachtungen, sondern zudem Gletscher, Berge und unglaublich blaues Wasser.

Im Eyjafjörður lockt Fischreichtum die Buckelwale an.

## Tanz auf dem Vulkan – Erlebnisse auf und unter Tage

Vor etwa 20 Millionen Jahren entstand Island. Eine sogenannte Plume mit heißem Vulkangestein bildete zuerst Krusten in der heutigen Region rund um die Westfjorde und wanderte dann immer mehr Richtung Norden. Auch heute noch „kocht" es unter der Insel und immer wieder kommt es zu Vulkanausbrüchen, Erdbeben und Bodensenkungen.

Kaum eine andere Region in Europa hat mehr Vulkanaktivität als Island. Wer mehr über die Plumen, Vulkanausbrüche und Vulkangestein erfahren möchte, informiert sich am besten im LAVA Center in Hvolsvöllur.

Alle Vulkane auf der Insel werden streng überwacht, so dass Veränderungen sofort auffallen. Auf Island gibt es auch zahlreiche inaktive Vulkane, die besucht werden können. Sehenswert und gut erreichbar ist dabei der Grabrok-Krater, der sich auf der Westseite direkt an der Ringstraße befindet.

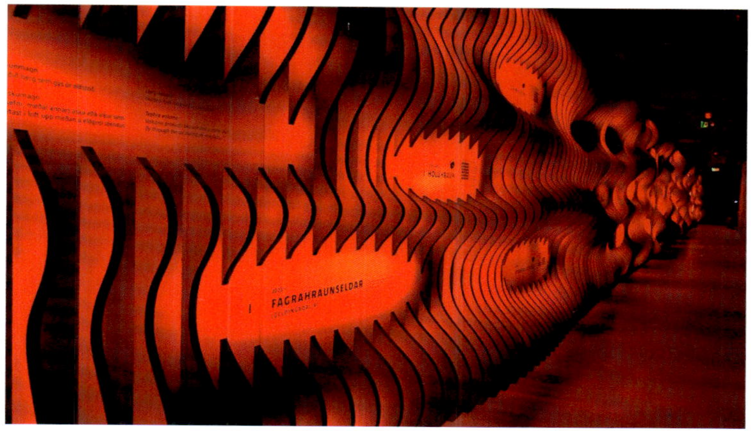


*Im Lavamuseum in Hvolsvöllur*

Wer in eine Lavahöhle hinabsteigen möchte, sollte einen Abstecher zur Vatnshellir Cave im Snæfellsjökull Nationalpark einplanen. Hier lässt sich im Rahmen einer einstündigen Führung eine Höhle vulkanischen Gesteins entdecken. Die geothermische Aktivität unter Island sorgt jedoch nicht nur für Vulkanausbrüche und Erdbeben. In Island gibt es zahlreiche warme und heiße Quellen und Flüsse, die oft unterirdisch verlaufen und für die Warmwasserversorgung und Energiegewinnung des Landes genutzt wer-

*Der Blick vom Grabok-Krater*

Janett Schindler

ist ein großer Fan von Kurzreisen und seit 2013 mit dem Blogprojekt *Teilzeitreisender.de* in Deutschland, Europa und der ganzen Welt unterwegs. Die gelernte Dokumentationsassistentin konzentriert sich dabei vor allem auf die Themen Städtereisen und Mädelswochenenden.

den. Nicht wundern also, wenn das warme Wasser in Island nach Schwefel riecht – das ist vollkommen normal.

Es gibt auf Island einige Orte, an denen selbst im Winter draußen gebadet werden kann. Übrigens: Die Blue Lagoon ist kein von der Natur gebildeter See, sondern ein Restprodukt aus der Stromerzeugung für Reykjavik. Natürlichen Ursprungs ist der heiße Fluss von Hveragerði - der nach einer sechs Kilometer langen Wanderung auch zum Planschen genutzt werden kann. In Hveragerði wird das warme Wasser übrigens auch genutzt, um Gewächshäuser im Winter zu temperieren und dort Tomaten oder Salat anzupflanzen.

*Geschichte lässt sich auf der Glaumbær-Farm erleben*

*Blick auf die Ringstraße vom Grabok-Krater*

## Die jungen Wälder von Island

Auch wenn Island in einigen Regionen eher einer Mondlandschaft ähnelt, so ist die Insel längst nicht so karg. Vor allem rund um Egilstadir gibt es im Nationalpark Hallorstada einen Wald, der noch recht jung ist. Erst im frühen 20. Jahrhundert wurde er angelegt und wirkt wie eine grüne Lagune inmitten von Vulkanen und Gletschern. Aber auch in vielen anderen Regionen gibt es Aufforstungsprojekte und Island wird zunehmend grün!

*Blick auf den Nationalpark Hallorstada*

*Die Harpa – eine der schönsten Konzerthallen Europas*

## Zurück in den Alltag – ein Abstecher nach Reykjavik

Nach Abenteuern in so einem besonderen Land ist die Rückkehr in den Alltag nicht leicht. Ideal ist deshalb ein Besuch der isländischen Hauptstadt am Ende der Reise. Vor allem der Besuch der Harpa (Konzert Halle), der Hallgrimskirche und die besonderen Freiluft-Kunstwerke (u.a. Sun Voyager und Þúfa) der Stadt bieten einen tollen Abschluss einer besonderen Reise.

*de.visiticeland.com/*

**VORBEREITUNG**
Für die Reise unbedingt die Seiten *en.vedur.is* (Wettermeldungen) und *road.is* (Sperrungen und Verkehrsmeldungen) speichern.

**PARKEN**
Die meisten Attraktionen sind kostenfrei zu besuchen, die Parkplätze sind jedoch kostenpflichtig. Hier empfiehlt sich die Nutzung der *Parka.app*.

**WHALE WATCHING**
Whale Watching Touren in Akureyri und Reykjavik werden von *Elding.is* angeboten.

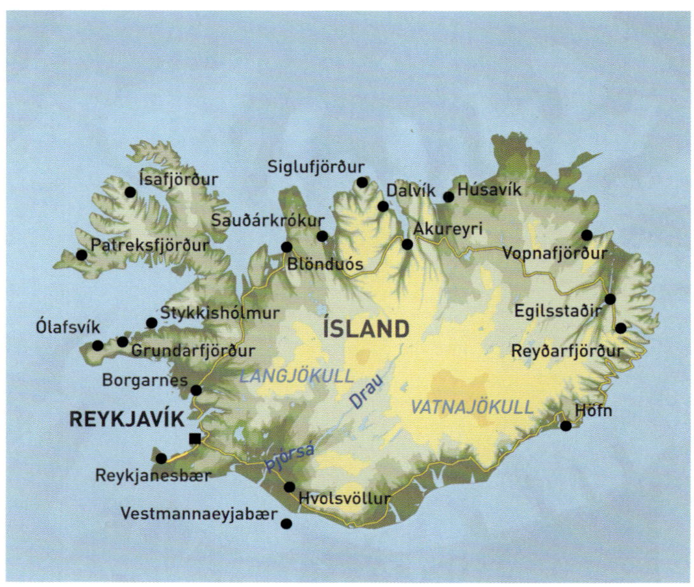

# Ausblicken

*Heimat***Momente** – Ostfriesland, Teutoburger Wald, Oberpfalz, Bodensee und mehr ...

*Heimat***Reisen** – Eifel: Wandern, Radfahren und Natur entdecken

*Heimat***Reisen** – Radwandern in Deutschland

Unsere nächste Ausgabe:
360° Heimat**Reisen** 1/2024 erscheint im März 2024*

*Änderungen vorbehalten




# Impressum

360° Heimat**Reisen** erscheint halbjährlich
**360° medien**
Nachtigallenweg 1 | 40822 Mettmann
Tel.: +49 2104 5063-100 | E-Mail: info@360grad-medien.de
redaktion@360grad-medien.de | 360grad-medien.de

**Geschäftsführung:** Andreas Walter | Christine Walter

**Chefredaktion (V.i.S.d.P.):** Andreas Walter
E-Mail: a.walter@360grad-medien.de

**Mitarbeiter:innen dieser Ausgabe:** Birgit-Cathrin Duval, Monika Hamberger, Michael Juhran, Tanja Neumann, Bernadette Olderdissen, Nicole Quint, Heike Scheiding-Brode, Janett Schindler, Antje Seeling, Andreas Walter

**Design und Layout:** 360° medien | Marc Alberti, Elke Gräfe,

**Anzeigenleitung:**
Stefanie Heine | E-Mail: s.heine@360grad-medien.de
Tel.: +49 2104 5063-106

**Marketing und Vertrieb, Leserservice:**
Julia Schüller | E-Mail: vertrieb@360grad-medien.de
Tel.: +49 2104 5063-100

**ISBN**: 978-3-96855-388-7 | **ISSN:** 2701-777X

**Vertrieb Presseeinzelhandel:**
IPS Pressevertrieb GmbH, 53334 Meckenheim, www.ips-d.de
Einzelpreise im Handel: D, A, Europa: 9,50 € | Schweiz: 13,60 CHF

**Abonnement** 360°Heimat**Reisen:** vier Ausgaben, Deutschland 32 €, Ausland 48 €. Das Abonnement verlängert sich automatisch um vier weitere Ausgaben, wenn dieses nicht sechs Wochen nach Erscheinen der letzten Ausgabe gekündigt wird. Enthalten im Abonnement sind zusätzlich die Versandkosten und – soweit erforderlich – die gesetzliche Mehrwertsteuer.



**Bildnachweise:** Adobe Stock | Boris S. 74; Adobe Stock | Sina Ettmer S. 72/73; Adobe Stock | Matthias Riedinger S. 1; Torsten Dachwitz S. 15o; djd | Kulturland Kreis Höxter | Anton-Röser S. 9re; djd | Steinwald-Allianz | Matthias-Kunz S. 6; djd | Tourismusverband Landkreis Stade S. 22-23; djd | Verein für Stadtmarketing Ostheim S. 7re; Birgit-Cathrin Duval S. 5mi re, 40-47; Rainer Hamberger S. 32-33, 34, 35o, 36o; Klaus Hansen S. 5o li, 39; Nicky Hellfritzsch | freshshots.de photographie S. 8; Hessen Tourismus | Florian Trykowski S. 27o; Hochschwarzwald Tourismus GmbH S. 30-31, 37, 38; Hochschwarzwald Tourismus GmbH | Daniel Schoenen S. 36u; Angelica Hocke | Naturregion Sieg S. 16li; Jena Kultur | Christian Häcker S. 13u; Günter Jentsch | Harzer Klöster S. 9re; Michael Juhran S. 5u re, 82-86; Kassel Marketing GmbH | Jörg Conrad S. 24o, 25u; Kassel Marketing GmbH | Can Wagner S. 25o; Kassel Marketing GmbH | Mario Zgoll S. 24u; Dominik Ketz S. 7li; Kunst- und Kulturstiftung Opelvillen Rüsselsheim | Frank Möllenberg S. 26o; Falko Matte S. 11, 13o; Paul Meixner S. 16re; Susanna Mokroß | Naturregion Sieg S. 16o; Tanja Neumann S. 4, 5mi li, 64-71; Nordseeheilbad Borkum GmbH S. 15u; Nordseeheilbad Borkum GmbH | Marc Basan S. 14; Pixabay S. 3, 98o; Reinhard & Sonja Ernst-Stiftung Museum Reinhard Ernst | Helbig | Marburger Rosenhang Museum S. 26u; Saale-Unstrut Tourismus e.V. S. 10o; Heike Scheiding-Brode S. 56-63; Janett Schindler S. 90-97; Thomas Schneider | bildbaendiger.de S. 75; Antje Seeling S. 48-55; Marcin Oliva Soto S. 87; Szynon Bialic Fotografia S. 80/81; TMBW | Andreas Weise S. 28-29; TMBW | Negwer S. 35u; Transmedial S. 10u, 12u; Unstrutradweg e. V. | Nadine Rosenberg S. 12o, Andreas Walter S. 5o mi, 17-19, 76-79, 98 mi, 98u